Die

Vorschriften für die Praxis der geprüften Rechtspraktikanten in Bayern

enthaltend

die Kgl. Allerhöchste Verordnung vom 4. Januar 1901 und die Ministerial-Bekanntmachung vom 7. Januar 1901, die Praxis der Bewerber um Anstellung im höheren Justizstaatsdienste betr., nebst einem Anhang, die Kgl. Allerhöchste Verordnung vom 20. August 1868, die Verehelichung der Staatsdienstadspiranten betr.

Mit Einleitung, Anmerkungen und alphabetischem Sachregister

herausgegeben von

Th. von der Pfordten,

K. Amtsrichter.

München.
J. Schweitzer Verlag (Arthur Sellier).
1901.

Die

Vorschriften für die Praxis der geprüften Rechtspraktikanten in Bayern

enthaltend

die Kgl. Allerhöchste Verordnung vom 4. Januar 1901 und die Ministerial-Bekanntmachung vom 7. Januar 1901, die Praxis der Bewerber um Anstellung im höheren Justizstaatsdienste betr., nebst einem Anhang, die Kgl. Allerhöchste Verordnung vom 20. August 1868, die Verehelichung der Staatsdienstadspiranten betr.

Mit Einleitung, Anmerkungen und alphabetischem Sachregister

herausgegeben von

Th. von der Pfordten,

K. Amtsrichter.

München.

J. Schweitzer Verlag (Arthur Sellier).

1901.

Dr. Fr. P. Datterer & Cie., G. m. b. H. München-Freising.

Einleitung.

Die Vorschriften über die Praxis der geprüften Rechtspraktikanten waren bisher in der K. Verordnung vom 27. April 1880 (J.M.Bl. S. 121) und in der Ministerialbekanntmachung vom 15. Juni 1880 (J.M.Bl. S. 237) enthalten. Einige weitere, teils im J.M.Bl. veröffentlichte, teils autographierte Ministerialentschließungen hatten einzelne Verhältnisse (z. B. Militärdienst, Verehelichung, Führung der Personalakten u. s. w.) geregelt.

Die Verordnung ging von dem Grundsatz aus, daß jeder Bewerber um Anstellung nach Bestehen der zweiten Prüfung die Praxis bei einem Oberlandesgerichte, einem Landgerichte, bei der Staatsanwaltschaft, bei einem Amtsgericht, einem Rechtsanwalt oder Notare fortzusetzen habe. Diese Praxis sollte nicht länger als drei Monate und „nicht allzu häufig" unterbrochen werden.

Außerdem war für alle Bewerber um Anstellung im richterlichen oder staatsanwaltschaftlichen Dienst eine gerichtliche Praxis in der Dauer von mindestens einem Jahre vorgeschrieben. Die Hälfte dieser Praxis sollten die Bewerber um Anstellung im diesrheinischen Bayern bei einem Amtsgericht und zwar in der nichtstreitigen Rechtspflege — vorzugsweise im Hypothekenwesen — ableisten.

Mangel an Bewerbern machte längere Zeit hindurch ausgedehnte Dispensationen von dem Erfordernisse der einjährigen Praxis notwendig, bis schließlich im Jahre 1894 das Ministerium die strikte Anforderung stellte, daß zum mindesten die sechsmonatliche Praxis in der nichtstreitigen Rechtspflege geleistet werden müsse.

Auch die nunmehr erlassenen Bestimmungen fußen auf dem Grundsatze, daß der zweiten Prüfung eine Fortsetzung der Praxis bei einer Justizbehörde oder bei einem Rechtsanwalt oder in der Eigenschaft als Rechtsanwalt zu folgen habe. Die neue Verordnung gestattet jedoch auch eine Beschäftigung anderer Art, insbesondere auch im nichtbayerischen Dienst und im Privatdienste, vorbehaltlich der Genehmigung des Ministeriums und der Gewährleistung einer gründlichen Ausbildung.

Neben der allgemein geforderten Praxis wird aber auch noch für die Bewerber um Anstellung in einem bestimmten Dienstzweige eine besondere Praxis gefordert, auf deren unverkürzte Ableistung besonderes Gewicht gelegt wird. Eine solche besondere Praxis wird vor allem verlangt für die Bewerber um Richterstellen und für die Bewerber um Anstellung im staatsanwaltschaftlichen Dienste.

Neuerungen bringen die Vorschriften insbesondere für die bei Notariaten beschäftigten geprüften Rechtspraktikanten. Die Notariate haben durch das Notariatsgesetz von 1899 die Stellung von Justizbehörden erlangt: der Notar ist daher nunmehr in jeder Beziehung als Amtsvorstand zu betrachten und es erwachsen ihm daher neue Befugnisse und Pflichten gegenüber den ihm unterstellten Bewerbern.

Der Ministerialbekanntmachung sind lehrreiche Übersichten über die Anstellungsverhältnisse beigefügt, die wegen ihrer Bedeutung für die Bewerber auch in dieser Ausgabe abgedruckt worden sind.

Die Erläuterungen sollen den Zusammenhang der einzelnen Bestimmungen veranschaulichen und über Fragen Aufschluß geben, die nicht unmittelbar in den Vorschriften gelöst sind. Ein Nachschlageregister ist beigefügt.

Im Namen Seiner Majestät des Königs.

Luitpold,

von Gottes Gnaden Königlicher Prinz von Bayern, Regent.

Wir finden Uns bewogen, über die Praxis der Bewerber um Anstellung im höheren Justizstaatsdienste, welche die Fähigkeit zum Richteramt erlangt haben, zu verordnen, was folgt:

§ 1. Die geprüften Rechtspraktikanten, die sich um Anstellung im höheren Justizstaatsdienste bewerben, haben alsbald nach dem Bestehen der zweiten Prüfung für den höheren Justiz- und Verwaltungsdienst die Praxis bei einer bayerischen Justizbehörde oder bei einem Rechtsanwalt oder als Rechtsanwalt in Bayern fortzusetzen.

Die vom Schlusse der zweiten Prüfung an bis zur Bekanntgabe des Prüfungsergebnisses erstandene Praxis wird der nach der Bekanntgabe des Prüfungsergebnisses fortgesetzten Praxis gleichgeachtet.

1. § 1 enthält den Grundsatz der ganzen Verordnung:

Jeder Bewerber um Anstellung im höheren Justizstaatsdienste hat vom Bestehen der zweiten Prüfung an bis zur Anstellung sich einer seine Ausbildung für den späteren Beruf fördernden Praxis zu unterziehen.

In welcher Weise der Bewerber sich beschäftigen will, ist ihm innerhalb des Rahmens des § 1 und des ihn ergänzenden § 2 der V.O. an sich freigegeben. Er ist jedoch dadurch beschränkt, daß er für die Anstellung in einem besonderen Dienstzweig auch noch eine besondere Praxis durchzumachen hat, wie sich aus den folgenden Bestimmungen ergibt. Weitere Beschränkungen ergeben sich für ihn aus den §§ 4 u. 5 der V.O.

2. Wann der geprüfte Rechtspraktikant die Praxis fortzusetzen hat, ergibt sich aus § 4 der M.B. Der Eintritt in die Praxis hat — wenn Nachteile vermieden werden wollen — spätestens drei Monate nach der Bekanntgabe des Prüfungsergebnisses (Übergabe des Prüfungszeugnisses, § 125 der Bekanntmachung vom 6. Juli 1899) zu erfolgen.

3. Unter Justizbehörden sind zu verstehen das Justizministerium, die Gerichte, die staatsanwaltschaftlichen Behörden, die Notariate (Art. 6

des Notariatsgesetzes), die Strafanstalten (s. jedoch § 4 Satz 2 B.O. und § 12 M.B.).

Militärjustizbehörden sind nicht Justizbehörden im Sinne des § 1.

4. Aus Abs. 2 ergibt sich, daß der Rechtspraktikant mit dem Eintritt in die Praxis nicht bis zur Bekanntgabe des Prüfungsergebnisses zuwarten muß. Dies ist insbesondere von Bedeutung, wenn er die spezielle Praxis, die er abzuleisten hat, sofort nach dem Schlusse der zweiten Prüfung beginnt. In letzterem Falle ist jedoch die Wirksamkeit der Praxis durch den Erfolg der Prüfung bedingt; bei deren Nichtbestehen, oder bei dem Verzicht auf das Prüfungsergebnis wird sie wirkungslos.

§ 2. Mit Genehmigung des Staatsministeriums der Justiz können die geprüften Rechtspraktikanten auch Praxis bei einer Justizbehörde oder bei einem Rechtsanwalt in einem anderen deutschen Bundesstaate nehmen oder die Zulassung zur Rechtsanwaltschaft bei einem Gericht eines anderen Bundesstaats erwerben oder sich bei einer nicht in dem § 1 genannten Behörde oder Stelle oder bei einer öffentlichen oder privaten Anstalt oder Unternehmung, welche die nötige Gewährschaft für gedeihliche Fortbildung gibt (z. B. Bankanstalt oder größeres Bankgeschäft, Handels- und Gewerbekammer, Berufsgenossenschaft, Versicherungsanstalt) beschäftigen lassen.

Diese Praxis oder Beschäftigung wird als Fortsetzung der Praxis im Sinne des § 1 erachtet.

1. § 2 gewährt dem Bewerber nicht nur die Möglichkeit, sich eine ihm passende Praxis zu wählen und bei seiner Beschäftigung seine persönlichen und wirtschaftlichen Verhältnisse zu berücksichtigen, sondern gestattet ihm auch, sich vorläufig einem anderen Berufe zuzuwenden, ohne jedoch die Anwartschaft auf Anstellung in Bayern zu verlieren.

Insbesondere kann der Bewerber auf Grund des § 2 gleichzeitig die Anstellung in einem anderen Bundesstaate oder im Reichsdienste anstreben; es steht auch nichts im Wege, daß er — mit Genehmigung des Justizministeriums — eine Anstellung im nichtbayerischen Staatsdienste wirklich erlangt und dennoch seine Bewerbung um Anstellung in Bayern aufrecht erhält.

2. Die nach § 2 notwendige Genehmigung kann von vornherein auf bestimmte Zeitdauer beschränkt, auch unter Bedingungen erteilt werden. Es ist auch jederzeit ein Widerruf zulässig (s. § 10 der M.B.).

3. Eine allgemeine Genehmigung auf Grund des § 2 ist durch § 3 der M.B. erteilt für die Beschäftigung bei dem Bureau einer Kammer des Landtags und bei dem stenographischen Bureau des Reichstags.

4. Die besondere Praxis (s. Bem. 1 zu § 1) kann natürlich durch eine Praxis nach § 2 niemals ersetzt werden.

§ 3. Soweit nicht ein anderes bestimmt ist, sind die Wahl und der Wechsel der Praxis oder Beschäftigung freigegeben.

1. Dem Bewerber ist freigegeben, unter den verschiedenen Beschäftigungen, die ihm §§ 1 und 2 gestatten, die ihm passende herauszusuchen. Es ist ihm auch freigestellt, in welcher Reihenfolge und für welche Zeitdauer er den einzelnen Beschäftigungen nachgehen will. Unter verschiedenen gleichgestellten Behörden und Stellen kann er ebenfalls frei wählen. Er wird jedoch in seiner Wahlfreiheit beschränkt durch die §§ 4 und 5, sowie durch die Verpflichtung zur Ableistung der besonderen Praxis (s. Bem. 1 zu § 1).

2. Ueber gleichzeitige Praxis bei mehreren Stellen s. § 9 M.B.

§ 4. Das Staatsministerium der Justiz kann die Praxis bei einzelnen Behörden oder Rechtsanwälten sowie die Beschäftigung bei einzelnen Anstalten oder Unternehmungen verbieten. Es kann die Bewilligung zum Eintritt in die Praxis bei einzelnen Justizbehörden von seiner Genehmigung abhängig machen.

Zu Satz 1 sind bisher Ausführungsvorschriften nicht erlassen (vgl. jedoch § 10 M.B.). Dagegen ist von der durch Satz 2 dem Justizministerium gegebenen Befugnis, die Praxis bei einzelnen Justizbehörden von seiner Genehmigung abhängig zu machen, in § 12 M.B. bereits Gebrauch gemacht.

§ 5. Die Zahl der bei einer Justizbehörde zur Fortsetzung der Praxis zuzulassenden geprüften Rechtspraktikanten ist nach der Möglichkeit ihrer zweckmäßigen und vollständigen Ausbildung zu bemessen.

Die Bewilligung zum Eintritt in die Praxis bei einer Justizbehörde wird von dem Vorstande der Behörde erteilt.

1. Zu § 5 vgl. § 13 M.B.

2. Die Bewilligung zum Eintritt in die Praxis bei einem Notariate hat der Notar zu erteilen. Eine Verpflichtung, geprüften Rechtspraktikanten den Eintritt zu gestatten, dürfte auch für die Notare bestehen; denn die Notariate sind Justizbehörden, die Zulassung bei einer Justizbehörde kann aber nur aus den in § 13 Abs. 2 M.B. aufgeführten Gründen versagt werden.

Die Zubilligung eines Honorars an den Bewerber unterliegt dagegen selbstverständlich der freien Vereinbarung der Beteiligten.

3. Für Rechtsanwälte besteht keine Verpflichtung, geprüfte Rechtspraktikanten in ihre Kanzlei aufzunehmen, sie können auch den bei ihnen beschäftigten Bewerbern — vorbehaltlich civilrechtlicher Ansprüche — jederzeit die weitere Beschäftigung in der Kanzlei versagen.

§ 6. Die Beamten der Justizbehörden, bei denen die geprüften Rechtspraktikanten in Praxis stehen, haben dafür zu sorgen, daß die Praxis den geprüften Rechtspraktikanten volle Gelegenheit bietet, sich in allen Geschäftszweigen wissenschaftlich und praktisch genügend auszubilden und den Dienst in materieller und formeller Hinsicht genau kennen zu lernen.

Die Beaufsichtigung und Leitung der Praxis liegt den Vorständen der Behörden ob, bei denen die geprüften Rechtspraktikanten die Praxis ableisten.

1. Vgl. hiezu §§ 14 ff. M.B.

2. Durch Abs. 1 werden auch die Notare verpflichtet, den bei ihnen beschäftigten Rechtspraktikanten Gelegenheit zur Ausbildung zu geben. Eine Vernachlässigung dieser Verpflichtung würde unter Art. 67 des Notariatsgesetzes fallen.

3. Für die Rechtsanwälte besteht keine Verpflichtung, die Ausbildung der geprüften Rechtspraktikanten zu fördern (§ 40 der Rechtsanwaltsordnung trifft hier nicht zu). Es muß dem Einzelnen überlassen bleiben, sich eine ausreichende und belehrende Beschäftigung zu sichern. Mittelbar eröffnet allerdings § 4 der V.O. dem Ministerium die Möglichkeit, auch die Rechtsanwälte zur zweckentsprechenden Ausbildung ihrer Konzipienten anzuhalten.

4. Die Ausbildung hat sich nach § 6 regelmäßig auf alle Geschäftszweige der Stelle zu erstrecken, auch auf die Geschäfte der Justizverwaltung.

Bei der besonderen Praxis erfolgt dagegen zuweilen eine ausschließliche Ausbildung in bestimmten Geschäftszweigen (s. § 20 Nr. 1 M.B.).

Zur Besorgung des Schreibwerks sind die geprüften Rechtspraktikanten nicht heranzuziehen.

5. Zur besonderen Aufsicht und zur Überwachung seiner Thätigkeit wird der geprüfte Rechtspraktikant, der bei den Gerichten oder der Staatsanwaltschaft die Praxis fortsetzt, stets einem oder mehreren Beamten zugeteilt (s. § 15 M.B. und § 82 Abs. 1 der M.B. vom 6. Juli 1899).

6. Im übrigen vgl. die Bemerkungen zu § 15 M.B.

§ 7. Das Staatsministerium der Justiz kann, soweit nicht schon gesetzliche Bestimmungen bestehen, allgemein für die Bewerber um Anstellung in einem bestimmten Dienstzweig eine besondere Art und Dauer der Fortsetzung der Praxis vorschreiben.

1. Eine besondere Art und Dauer der Praxis ist gesetzlich vorgeschrieben für die Bewerber um Notariate (Art. 9 des Notariatsgesetzes). Die gleiche Dauer und Art der Praxis bildet auch die Voraussetzung für die Erlangung der Fähigkeit zum Notariatsverweser (Art. 96 des Notariatsgesetzes, s. a. § 20 Nr. 4 M.B.).

2. Die auf grund des § 7 erlassenen Vorschriften sind in den §§ 20—24 M.B. enthalten.

3. Von den Bewerbern um Verwendung bei den Grundbuchanlegungsarbeiten wird außer der im § 20 Nr. 1 M.B. vorgeschriebenen Praxis eine weitere besondere Praxis nicht verlangt, doch werden diese zunächst zu informatorischer Beschäftigung dem Amtsgerichte zugeteilt, bei dem sie später ihre Thätigkeit entfalten sollen.

§ 8. Das Staatsministerium der Justiz kann im einzelnen Falle anordnen, daß ein Bewerber die auf grund des § 7 allgemein vorgeschriebene Praxis verlängere oder eine Praxis bestimmter Art nehme, wenn seine bisherige Praxis oder Beschäftigung ihrer Art, ihrer Dauer oder ihrem Ergebnisse nach für die erstrebte Anstellung nicht genügend erscheint.

§ 9. Die bei einer Justizbehörde in Praxis befindlichen geprüften Rechtspraktikanten unterstehen der Dienstaufsicht des Vorstandes der Behörde und der vorgesetzten Behörden; die bei einem Rechtsanwalt in Praxis befindlichen geprüften Rechtspraktikanten der Dienstaufsicht des Rechtsanwalts, des Vorstandes des Gerichts, bei dem der Rechtsanwalt zugelassen ist und der vorgesetzten Aufsichtsbehörden; die in Bayern in Beschäftigung nach § 2 stehenden geprüften Rechtspraktikanten der Dienstaufsicht des Präsidenten des Landgerichts und der vorgesetzten Aufsichtsbehörden.

Ist der Rechtsanwalt, bei dem sich ein geprüfter Rechtspraktikant in Praxis befindet, bei mehreren Gerichten verschiedener Ordnung zugelassen, so untersteht der geprüfte Rechtspraktikant der Dienstaufsicht des Vorstandes des Gerichts niederer Ordnung und der diesem vorgesetzten Aufsichtsbehörden, im Falle gleichzeitiger Zulassung des Rechtsanwalts bei den Landgerichten München I und II der Dienstaufsicht des Präsidenten des Landgerichts München I und der diesem vorgesetzten Aufsichtsbehörden.

1. Zur Aufsicht über die in Bayern in Beschäftigung nach § 2 stehenden geprüften Rechtspraktikanten wird der Präsident desjenigen Landgerichts zuständig sein, in dessen Bezirke der Bewerber in Praxis steht.

2. Die Aufsicht über diejenigen Bewerber, die nach § 2 Praxis außerhalb Bayerns genommen haben, wird nur vom Staatsministerium der Justiz geübt werden können, ebenso die Aufsicht über die Bewerber, die ihre Praxis als Rechtsanwälte in Bayern fortsetzen (s. jedoch §§ 25, 26 M.B.).

3. Die bei einem Notariate beschäftigten Bewerber unterstehen der Aufsicht des Notars und der diesem vorgesetzten Behörden (s. Art. 63 des Notariatsgesetzes. Der Notar hat in jeder Beziehung die Stellung des Amtsvorstands.

4. S. a. Bem. 5 zu § 6.

§ 10. Die bei einer Justizbehörde in Praxis befindlichen geprüften Rechtspraktikanten unterstehen der Disziplin des

Amtsvorstandes, die Rechtspraktikanten, welche die Praxis bei einem Rechtsanwalte fortsetzen, der Disziplin des Präsidenten des Landgerichts.

Disziplinarmittel ist die Zurechtweisung. Ist diese fruchtlos oder mit Rücksicht auf die Verfehlung ungenügend, so ist an das Staatsministerium der Justiz zu berichten. Inzwischen kann der Inhaber der Disziplinargewalt dem Rechtspraktikanten die Fortsetzung der Praxis vorläufig untersagen.

Das Staatsministerium der Justiz kann je nach der Schwere des Verschuldens einen Verweis mit Androhung der Entlassung oder Ausschließung von der Praxis, die Entlassung aus der Praxis ohne Untersagung der anderweitigen Fortsetzung oder die zeitweilige oder dauernde Ausschließung von der Fortsetzung der Praxis überhaupt verfügen.

Für die zur Rechtsanwaltschaft zugelassenen Bewerber bewendet es bei den Vorschriften der Rechtsanwaltsordnung. Das Staatsministerium der Justiz kann einen solchen Bewerber aus disziplinären Erwägungen aus der Liste der Bewerber streichen.

1. Die Disziplinargewalt fällt im allgemeinen mit dem Rechte der Dienstaufsicht zusammen, mit der Ausnahme, daß den Rechtsanwälten keine Disziplinarbefugnis zugestanden ist und daß den Vorständen der Amtsgerichte die Disziplin über die Bewerber, die bei einem gleichzeitig am Amtsgericht und Landgericht zugelassenen Rechtsanwalt beschäftigt sind, nicht zusteht (s. a. Bem. 3).

2. Gegen Bewerber, die innerhalb oder außerhalb Bayerns Praxis nach § 2 genommen haben, stehen Disziplinarmittel nicht zur Verfügung. Wohl aber wird das Staatsministerium der Justiz auch diesen Bewerbern die Streichung aus der Liste der Bewerber androhen können, wenn ihr Verhalten zu Klagen Anlaß geben sollte.

3. Stehen Bewerber bei einem Rechtsanwalt in Praxis, der gleichzeitig bei den Landgerichten München I und II zugelassen ist, so wird der Schlußsatz des § 9 Abs. 2 entsprechend anzuwenden sein. Bewerber, die bei einem nur an einem Oberlandesgericht oder am Obersten Landesgerichte zugelassenen Rechtsanwalt in Praxis stehen, sind in erster Instanz der Disziplinargewalt des Präsidenten des Landgerichts unterstellt, in dessen Bezirke sie beschäftigt sind. Die Dienstaufsichtsbehörde wird diesem etwaige Verfehlungen mitzuteilen haben.

4. In welcher Form die Zurechtweisung erteilt werden soll, ist nicht ausdrücklich bestimmt; sie wird also mündlich oder schriftlich erteilt werden können. Das Recht der Beschwerde an die nächste vorgesetzte Behörde wird nicht zu versagen sein; an eine Frist dürfte die Beschwerde nicht gebunden sein.

Von der in § 10 Abs. 2 Satz 2 erwähnten Berichterstattung an das Staatsministerium der Justiz — welche eintritt, wenn der Vorgesetzte sich von der Zurechtweisung keinen Erfolg verspricht oder sie für ungenügend hält — ist die im § 25 Abs. 2 M.B. vorgeschriebene Berichterstattung über eine erfolgte Disziplinierung zu unterscheiden.

5. Der Beamte, dem die besondere Aufsicht übertragen ist (s. Bem. 5 zu § 6), hat als solcher keine Disziplinargewalt.

6. Für die Rechtsanwälte gelten die Vorschriften über das ehrengerichtliche Verfahren (§§ 62—97 der Rechtsanwaltsordnung). Gemäß Abs. 4 Satz 2 kann jedoch das Justizministerium, auch ohne daß ein ehrengerichtliches Verfahren eingeleitet wurde oder ohne daß der Ausgang eines eingeleiteten Verfahrens abgewartet wird, den Ausschluß von weiterer Bewerbung um Anstellung verfügen.

Vom Stande jedes ehrengerichtlichen Verfahrens wird das Ministerium verständigt (§ 26 M.B.).

7. Bezüglich der Notariatsverweser s. Art. 116 Abs. 2 des Notariatsgesetzes.

§ 11. Die bei einer bayerischen Justizbehörde die Praxis fortsetzenden geprüften Rechtspraktikanten sind verpflichtet, jederzeit eine Geschäftsaushilfe oder eine Hilfsarbeiterstelle bei einer bayerischen Justizbehörde zu übernehmen. Dieser Dienst gilt als Fortsetzung der Praxis.

Dies findet entsprechende Anwendung auch auf Bewerber, die in Bayern zur Rechtsanwaltschaft zugelassen sind oder die Praxis bei einem Rechtsanwalt in Bayern fortsetzen, sobald sie um Anstellung im höheren Justizstaatsdienste förmlich nachgesucht haben.

Bezüglich der Gewährung von Vergütungen, Tagegeldern und Reisekosten im Falle der Einberufung zur Geschäftsaushilfe oder auf Hilfsarbeiterstellen bewendet es bei den bestehenden Vorschriften.

1. Als Stellen im Sinne des § 11 Abs. 2 kommen z. B. in Betracht:

die Stellen der Hilfsarbeiter bei Amtsgerichtsvorständen, Landgerichts- und Oberlandesgerichtspräsidenten und im Justizministerium, ferner die Aushilfsstellen bei den Staatsanwaltschaften, bei den Hypothekenämtern, den Gerichtsschreibereien u. s. w.

2. Durch Abs. 2 werden die Rechtsanwälte, die förmlich um Anstellung nachgesucht haben, auch verpflichtet, im Fall ihrer Einberufung zur Dienstleistung die Aufgabe ihrer Zulassung zu erklären (s. übrigens § 27 Abs. 3 M.B.).

3. Die Verwendung nach § 11 gilt zwar als Fortsetzung der Praxis im Sinne des § 1, nicht aber als besondere Praxis im Sinne des § 7. Nur durch besondere Verfügung des Ministeriums kann sie dieser gleichgestellt werden.

4. Welche Folgen die Weigerung, einer Einberufung nach § 11 Folge zu leisten, nach sich zieht, ergibt sich aus § 27 M.B.

5. S. a. § 33 M.B.

6. Zu Abs. 3 vgl. die K. Allerh. Verordnung vom 11. Februar 1875 (G. u. V.Bl. S. 105).

§ 12. Bei der Erstattung von Anträgen auf Anstellung als dritter Staatsanwalt soll in erster Linie auf die mit den besten Noten gewürdigten Bewerber jedes Prüfungsjahrs und bezüglich der Anstellung im richterlichen Dienste außer auf die dritten Staatsanwälte insbesondere auf diejenigen Sekretäre Bedacht genommen werden, welche bei der zweiten Prüfung mit der ersten oder zweiten Note gewürdigt worden sind, zur Förderung der Geschäftsaufgaben der Gerichtsschreiberei wesentlich beigetragen und sich eine gründliche Ausbildung für den Richterdienst angeeignet haben.

Bei der Erstattung von Anträgen auf Besetzung von Notariaten sollen vorzugsweise diejenigen Bewerber berücksichtigt werden, welche mit der ersten oder zweiten Note gewürdigt wurden und bei der Verwesung von Notariaten Ersprießliches geleistet haben.

1. Aus § 12 ergibt sich, daß Bewerber, die bei der zweiten Prüfung mit der Note III gewürdigt wurden, in der Regel keine Aussicht auf Anstellung als Richter haben werden. Auch geht aus ihm hervor, daß der Anstellung als Richter regelmäßig die Anstellung als III. Staatsanwalt oder als Sekretär vorauszugehen hat und die sofortige Verwendung im richterlichen Dienste Ausnahmefall sein soll.

2. Zu Abs. 2 vgl. § 20 Nr. 4 M.B.

§ 13. Diese Verordnung tritt mit dem Tage ihrer Veröffentlichung im Gesetz- und Verordnungsblatt an die Stelle der bisher für die Fortsetzung der Praxis der Bewerber um Anstellung im höheren Justizstaatsdienste geltenden Vorschriften.

1. Durch § 13 werden aufgehoben:
   1. die K. Allerh. Verordnung vom 27. April 1880 (J.M.Bl. S. 121 ff.),
   2. die Ministerialbekanntmachung vom 15. Juli 1880 (J.M.Bl. S. 237 ff.),
   3. die autographierten Ministerialentschließungen vom 9. Juni 1894 Nr. 15374, vom 9. Juli 1895 Nr. 15463, vom 11. März 1897 Nr. 6850, vom 16. November 1897 Nr. 31015,
   4. die Ministerialbekanntmachung vom 24. September 1895 (J.M.Bl. S. 234).

2. Aufrecht erhalten bleiben die K. Allerh. Verordnung vom 20. August 1868 (Reg.Bl. S. 1609) und die autographierte Ministerialentschließung vom 20. Januar 1897 Nr. 126 (vgl. § 30 M.B.).

§ 14. Das Staatsministerium der Justiz wird ermächtigt, die zum Vollzuge dieser Verordnung nötigen Vorschriften zu erlassen.

Dem Justizministerium wird auch das Recht der Dispensation von der Einhaltung der Vorschriften zustehen.

München, den 4. Januar 1901.

Luitpold, Prinz von Bayern,
des Königreichs Bayern Verweser.

Dr. **Frhr. v. Leonrod.**

Königlich Allerhöchste Verordnung, die Praxis der Bewerber um Anstellung im höheren Justizstaatsdienste betr.

Auf Allerhöchsten Befehl:
Der General-Sekretär:
Ministerialrat
v. Thelemann.

Bekanntmachung.

Königliches Staatsministerium der Justiz.

Zur Ausführung der Königlich Allerhöchsten Verordnung vom 4. Januar 1901, die Praxis der Bewerber um Anstellung im höheren Justizstaatsdienste betreffend, werden auf grund des § 14 folgende Vorschriften erlassen:

I. §§ 1—7 zu den §§ 1, 2 der V.O.

§ 1. Die geprüften Rechtspraktikanten, die den Vorschriften der Verordnung vom 4. Januar 1901 entsprechend die Praxis fortsetzen oder Beschäftigung nehmen, werden, sofern nicht der Verzicht auf Anstellung ausdrücklich erklärt wird, als Bewerber um Anstellung im höheren Justizstaatsdienste betrachtet und in das bei dem Staatsministerium der Justiz geführte Hauptverzeichnis der Bewerber um Anstellung im höheren Justizstaatsdienst eingetragen.

1. Aus § 1 ergibt sich, daß es in der Regel eines besonderen Gesuches um Aufnahme in das Hauptverzeichnis nicht bedarf, sondern daß die Aufnahme ins Verzeichnis dadurch erwirkt wird, daß der Bewerber eine den Vorschriften des § 1 V.O. entsprechende Praxis nimmt oder in eine Beschäftigung nach § 2 V.O. mit Genehmigung des Ministeriums eintritt. Im letzteren Falle genügt jedoch die Genehmigung für sich allein nicht, es muß vielmehr von ihr auch thatsächlich Gebrauch gemacht werden und daraus geht hervor, daß der Bewerber seinen Eintritt in die Praxis nach § 2 dem Ministerium anzeigen muß, auch wenn ihm dies nicht besonders zur Auflage gemacht wurde. Sonst ließe sich nicht beurteilen, ob er die Praxis fortgesetzt hat.

2. Ausnahmen von der Regel des § 1 ergeben sich aus §§ 2, 4 und § 30 Abs. 2 M.B.

§ 2. Diejenigen geprüften Rechtspraktikanten, welche die Zulassung zur Rechtsanwaltschaft bei einem bayerischen Gericht erlangen, ohne vorher die Praxis im Sinne der §§ 1, 2 der Verordnung fortgesetzt zu haben, und welche daher auch nicht in das Hauptverzeichnis eingetragen waren, werden künftig in das Hauptverzeichnis nur eingetragen, wenn sie die Erklärung abgeben, daß sie als Bewerber um Anstellung im höheren Justizstaatsdienste betrachtet sein wollen. Diejenigen geprüften Rechtspraktikanten, welche die Zulassung zur Rechtsanwaltschaft bei einem bayerischen Gericht erlangen, nachdem sie vorher in das Hauptverzeichnis eingetragen waren, werden künftig im Hauptverzeichnisse nur dann fortgeführt, wenn sie gleichzeitig mit dem Gesuch um Zulassung zur Rechtsanwaltschaft die Erklärung abgegeben haben, daß sie auch ferner als Bewerber um Anstellung im höheren Justizstaatsdienste betrachtet sein wollen. Nach Ablauf von drei Jahren werden sie vom Hauptverzeichnisse gestrichen, wenn sie nicht vorher um Aufrechthaltung ihrer Eigenschaft als Bewerber für eine bestimmte weitere Zeitdauer nachgesucht oder ein förmliches Gesuch um Anstellung im höheren Justizstaatsdienst eingereicht haben.

Die zur Zeit im Hauptverzeichnis eingetragenen geprüften Rechtspraktikanten, welche die Zulassung zur Rechtsanwaltschaft bereits erlangt und noch nicht förmlich um Anstellung im höheren Justizstaatsdienste nachgesucht haben, sind durch die Vorstände der Gerichte, bei denen sie zugelassen sind, zur sofortigen Abgabe einer Erklärung zu veranlassen, ob sie ferner noch als Bewerber um Anstellung im höheren Justizstaatsdienste betrachtet sein wollen. Die Erklärungen sind dem Staatsministerium der Justiz vorzulegen. Diejenigen Rechtsanwälte, welche eine bejahende Erklärung abgeben, werden bis zum 31. Dezember 1903 im Hauptverzeichnisse fortgeführt werden. Für die Folge findet auch auf sie die Bestimmung im Abs. 1 Satz 3 Anwendung.

Die hienach erforderlichen Erklärungen der Rechtsanwälte sind, wenn sie nicht vor der Zulassung zur Rechtsanwaltschaft in dem Gesuch um Zulassung oder in einem Nachtrage hiezu erfolgen, dem Vorstande des Gerichts gegenüber abzugeben, bei dem sie zugelassen sind, im Falle ihrer gleichzeitigen Zulassung bei mehreren Gerichten gegenüber dem Vorstande des Gerichts niederer Ordnung, im Falle gleichzeitiger Zulassung bei den Landgerichten München I und II gegenüber dem Präsidenten des Landgerichts München I. Die Erklärungen sind stets *sofort* dem Staatsministerium der Justiz vorzulegen. Eine Abschrift ist dem Oberstaatsanwalte bei dem Oberlandesgericht und den Vorständen der übrigen Gerichte, bei denen der Rechtsanwalt zugelassen ist, mitzuteilen.

Von den in dem Gesuch um Zulassung zur Rechtsanwaltschaft oder in einem Nachtrage hiezu enthaltenen Erklärungen werden der Oberstaatsanwalt und die Vorstände der Gerichte, bei denen die Zulassung erfolgt, durch das Staatsministerium der Justiz benachrichtigt werden.

1. Die in Abs. 1 Satz 1 bezeichneten Bewerber müssen um Aufnahme in das Hauptverzeichnis nicht notwendig gleichzeitig mit dem Gesuch um Zulassung nachsuchen, sie können dies auch später noch thun (vgl. Abs. 3).

2. Etwas anders steht es mit den in Abs. 1 Satz 2 bezeichneten Bewerbern. Diese werden gestrichen, wenn sie nicht gleichzeitig mit dem Gesuch um Zulassung um Weiterführung im Hauptverzeichnisse bitten. Sind sie gestrichen, so werden sie einfach wie die in Abs. 1 Satz 1 bezeichneten Bewerber behandelt.

3. Abs. 1 Satz 3 bezieht sich auf beide vorhergehende Sätze. Die dreijährige Frist ist von dem Zeitpunkt an zu berechnen, in dem der Bewerber in seiner Eigenschaft als Rechtsanwalt in das Hauptverzeichnis eingetragen oder in diesem fortgeführt wurde. Auch bei Versäumung der Frist ist eine nochmalige Aufnahme in das Hauptverzeichnis möglich; ein Recht auf diese besteht jedoch nicht.

4. Gibt ein im Hauptverzeichnis eingetragener Rechtsanwalt die Zulassung auf und tritt in eine den Bestimmungen der Verordnung entsprechende Praxis, so wird er wie ein Bewerber im Sinne des § 1 M.B. behandelt. Abs. 1 Satz 3 findet dann keine Anwendung mehr auf ihn.

Auch ein im Hauptverzeichnis nicht eingetragener Rechtsanwalt, der unter Aufgabe der Zulassung entsprechende Praxis nimmt, wird nach § 1 M.B. zu behandeln sein und es wird ihn auch nicht der Nachteil des § 4 M.B. treffen, weil ihm der § 1 V.O. gestattet, die Praxis als Rechtsanwalt fortzusetzen.

5. Die Mitteilungen an die Oberstaatsanwälte sollen diesen die ihnen nach § 26 obliegenden Anzeigen ermöglichen.

§ 3. Die Beschäftigung bei dem Bureau einer Kammer des Landtags und bei dem stenographischen Bureau des Reichstags ist den geprüften Rechtspraktikanten gestattet und gilt als Beschäftigung im Sinne des § 2 der Verordnung, ohne daß im einzelnen Falle die Genehmigung des Staatsministeriums der Justiz einzuholen ist.

§ 4. Ein geprüfter Rechtspraktikant, der den Eintritt in eine den Vorschriften der Verordnung entsprechende Praxis oder Beschäftigung länger als drei Monate nach der Bekanntgabe des Prüfungsergebnisses unterlassen hat, hat um die Aufnahme in das Hauptverzeichnis förmlich nachzusuchen. Das Gesuch ist bei dem Staatsministerium der Justiz einzureichen und mit Zeugnissen darüber zu belegen, wie sich der Gesuchsteller seit der zweiten Prüfung beschäftigt und geführt hat. Im Gesuch ist zugleich anzugeben, in welcher Weise der geprüfte Rechtspraktikant die Praxis fortsetzen will. Bevor die Aufnahme in das Hauptverzeichnis vom Staatsministerium der Justiz bewilligt ist, darf der Rechtspraktikant bei keiner Justizbehörde zur Fortsetzung der Praxis zugelassen werden.

1. Ueber die Bekanntgabe des Prüfungsergebnisses s. § 125 der Ministerialbekanntmachung vom 6. Juli 1899.

2. Die Unterlassung des rechtzeitigen Eintritts in die Praxis hat gemäß § 4 nicht den Verlust der Anwartschaft auf Anstellung zur Folge. Ein Recht auf Aufnahme in das Hauptverzeichnis hat jedoch der nach § 4 Nachsuchende nicht; das Ministerium kann nach freiem Ermessen prüfen, ob von einer Fortsetzung der Praxis noch ein Erfolg zu erwarten ist.

3. § 4 ist selbstverständlich auch anzuwenden, wenn ein geprüfter Rechtspraktikant gelegentlich des Gesuchs um Zulassung zur Rechtsanwaltschaft erklärt, er wolle noch als Bewerber betrachtet sein.

4. S. a. §§ 6 und 7 M.B.

5. Ueber den Fall, daß die Ableistung des Militärdienstes vor Eintritt in die Praxis erfolgt, s. Bem. 2 zu § 5.

6. S. a. Bem. 4 zu § 5 M.B.

§ 5. Ein geprüfter Rechtspraktikant, welcher die Praxis oder Beschäftigung länger als drei Monate unterbrochen hat, wird vom Hauptverzeichnisse gestrichen. Auf seine Wiederaufnahme in das Hauptverzeichnis und seine Zulassung zur Praxis bei einer Justizbehörde finden die Vorschriften des § 4 entsprechende Anwendung.

1. Der Rechtspraktikant kann gemäß § 5 M.B. seine Praxis — vorbehaltlich der nach § 7 M.B. drohenden Nachteile — jederzeit für drei Monate unterbrechen. Die *besondere* Praxis (Bem. 1 zu § 1 V.O.) darf in der Regel nicht unterbrochen werden (§ 22 M.B.).

2. Militärische Übungen (Reserveübungen) sind keine Unterbrechung der Praxis (§ 19 Abs. 4 M.B.).

Anders steht es dagegen mit der Ableistung des Militärdienstes (Abdienen des Einjährig-Freiwilligen-Jahres). Sie gilt als Unterbrechung der Praxis. Der Bewerber muß also unter Vorlage entsprechender Nachweise um Wiederaufnahme in das Hauptverzeichnis nachsuchen. Doch wird nichts im Wege stehen, daß er schon vor dem Diensteintritte unter Vorlage der Beweise um Fortführung im Hauptverzeichnisse vorbehaltlich seines Wiedereintritts in die Praxis nachsucht.

Die gleiche Behandlung wird einzutreten haben, wenn vor dem Eintritt in die Praxis der Militärpflicht genügt wird.

3. S. im übrigen die Bemerkungen zu § 22 M.B.

4. Der Bewerber, der die Praxis in unzulässiger Weise unterbrochen hat, darf — ebenso wie ein Bewerber, der sich gegen § 4 verfehlt hat — bei keiner Justizbehörde zur Praxis zugelassen werden, ehe er nicht ins Hauptverzeichnis wieder aufgenommen ist. So oft daher bei einer Behörde ein Bewerber in Praxis treten will, muß er den Nachweis über die Beobachtung der §§ 4 und 5 M.B. führen, widrigenfalls er nicht zugelassen werden darf.

§ 6. Im Falle des § 4 wird die Aufnahme in das Hauptverzeichnis und im Falle des § 5 die Wiederaufnahme in das Hauptverzeichnis versagt werden, wenn der geprüfte Rechtspraktikant die Vertretung oder Verbeistandung von Parteien in bürgerlichen Rechtsstreitigkeiten oder in der nichtstreitigen Rechtspflege geschäftsmäßig betrieben hat, ohne zur Rechtsanwaltschaft zugelassen zu sein.

§ 7. Die Unterlassung der rechtzeitigen Fortsetzung der Praxis und eine längere Unterbrechung der Praxis, die nicht durch besondere Umstände entschuldbar erscheint, haben für die geprüften Rechtspraktikanten unter allen Umständen den Nachteil zur Folge, daß sie bei Vorschlägen zur Besetzung erledigter Stellen unter sonst gleichen Verhältnissen denjenigen Bewerbern nachstehen müssen, welche sich solche Unterbrechungen und Unterlassungen nicht oder in geringerem Maße haben zu Schulden kommen lassen.

II. §§ 8—12 zu den §§ 3, 4 der V.O.

§ 8. Die Wahl und der Wechsel der Praxis oder Beschäftigung sind den geprüften Rechtspraktikanten freigegeben. Es liegt jedoch ebensosehr im Interesse der Justizverwaltung als der geprüften Rechtspraktikanten selbst, daß sie sich vor ihrer Anstellung im Justizstaatsdienst eine möglichst umfassende und gründliche Ausbildung in allen Zweigen des Justizdienstes und eine allseitige Kenntnis des praktischen Lebens aneignen. Die geprüften Rechtspraktikanten haben daher bei der Auswahl und dem Wechsel der Praxis oder Beschäftigung den Gesichtspunkt ihrer entsprechenden allseitigen Ausbildung im Auge zu behalten.

Sie werden gut daran thun, nicht nur bei Justizbehörden, sondern insbesondere auch eine Zeit lang bei der Rechtsanwaltschaft Praxis zu nehmen. Da für jeden rechtskundigen Sekretär und für jeden Richter eines Amtsgerichts die Möglichkeit eintreten kann, vorübergehend die Verwesung eines Notariats übernehmen zu müssen, so ist es nur erwünscht, wenn auch diejenigen Bewerber, welche nicht ausschließlich Verwendung im Notariatsdienst anstreben, eine Zeit lang Praxis bei einem Notariate nehmen.

Auch eine zeitweise Beschäftigung bei einer Bankanstalt, einem größeren Bankgeschäft, einer Versicherungsanstalt oder ähnlichen Anstalt oder Unternehmung wird nur dazu beitragen, die allseitige Ausbildung der geprüften Rechtspraktikanten zu fördern, ihren Blick zu erweitern und die für ihren künftigen Beruf dringend gebotene Kenntnis des praktischen Lebens zu vertiefen.

Zu Abs. 2 vgl. Notariatsgesetz Art. 96 Abs. 2.

§ 9. Die Praxis oder Beschäftigung soll in der Regel jeweils nur bei einer einzigen Stelle genommen werden. Gleichzeitige Beschäftigung bei mehreren Stellen ist nur mit Genehmigung des Staatsministeriums der Justiz zulässig.

Gleichzeitige Beschäftigung bei einer Justizbehörde und bei einem Rechtsanwalt oder bei einer Justizbehörde und bei einer privaten Anstalt oder Unternehmung wird nicht gestattet werden.

Eine unzulässige gleichzeitige Beschäftigung bei mehreren Stellen macht zwar die Praxis nicht ungültig, kann aber Disziplinareinschreitung und Streichung von der Liste, bei der besonderen Praxis auch eine Verfügung nach § 8 V.O. zur Folge haben.

§ 10. Bestehen Bedenken darüber, ob den bei einer Behörde oder einem Rechtsanwalt in Praxis oder sonst nach § 2 der Verordnung in Beschäftigung stehenden geprüften Rechtspraktikanten die Möglichkeit einer vollständigen oder zweckmäßigen Ausbildung geboten ist, oder ist die Fortsetzung der Praxis bei einer Behörde oder bei einem Rechtsanwalt oder die anderweitige Beschäftigung aus sonstigen Gründen bedenklich, so ist darüber von den Dienstaufsichtsbehörden an das Staatsministerium der Justiz zu berichten.

Bei den Visitationen ist hierauf besonderes Augenmerk zu richten.

§ 10 soll dem Ministerium die Möglichkeit zu einem Einschreiten gemäß § 4 V.O. oder zum Widerrufe der nach § 2 V.O. erteilten Genehmigung geben.

§ 11. Ein geprüfter Rechtspraktikant, der einem auf grund des § 4 der Verordnung erlassenen Verbote zuwider die Praxis oder Beschäftigung fortsetzt, wird vom Hauptverzeichnisse gestrichen.

§ 12. Bei dem Obersten Landesgerichte, bei der Generalstaatsanwaltschaft und bei einer Strafanstalt darf die Zulassung zur Fortsetzung der Praxis nur mit Genehmigung des Staatsministeriums der Justiz erfolgen.

Diejenigen geprüften Rechtspraktikanten, welche als Hilfsarbeiter bei dem Staatsministerium der Justiz verwendet werden sollen, werden vom Staatsministerium der Justiz bestimmt.

III. §§ 13—19 zu den §§ 5, 6 der V.O.

§ 13. Die geprüften Rechtspraktikanten, welche die Praxis bei einer Justizbehörde fortsetzen wollen, haben bei dem Vorstande der Behörde um die Zulassung zur Fortsetzung der Praxis nachzusuchen.

Die Zulassung ist abzulehnen, wenn bei der Behörde schon so viele geprüfte Rechtspraktikanten in Praxis oder nicht geprüfte Rechtspraktikanten im Vorbereitungsdienste stehen, daß eine zweckmäßige und vollständige Ausbildung mit Rücksicht auf die Zahl der Bewerber und den Umfang der Geschäfte nicht möglich erscheint (vgl. § 79 der Bekanntmachung vom 6. Juli 1899 J.M.Bl. S. 229). Sie kann auch aus sonstigen wichtigen Gründen abgelehnt werden. Gegen den ablehnenden Bescheid steht die Beschwerde im Dienstaufsichtsweg offen.

Die Zulassung kann jederzeit aus denselben Gründen zurückgenommen werden, aus denen sie verweigert werden kann.

1. Aus Abs. 2 ergibt sich, daß die Zahl der bei Amtsgerichten und Landgerichten gleichzeitig zugelassenen Bewerber die Zahl der angestellten Richter in der Regel nicht überschreiten soll. Für einzelne Gerichte kann das Ministerium besondere Bestimmungen treffen. Wenn die Meldungen die zulässige Anzahl übersteigen, so haben die Bewerber den Vorzug, denen wichtige Gründe zur Seite stehen. Die Zulassung ist daher unter Umständen nur in widerruflicher Weise zu erteilen.

2. § 13 findet auch Anwendung auf die Notariate; dagegen sind die Rechtsanwälte nicht gehalten, nur eine bestimmte Anzahl von Rechtspraktikanten bei sich aufzunehmen (doch ist § 10 M.B. zu beachten).

§ 14. Bei dem Eintritt in die Praxis bei einer Justizbehörde ist der geprüfte Rechtspraktikant an die gemäß § 29 der Königlich Allerhöchsten Verordnung vom 4. Juli 1899 geleisteten Eide zurückzuerinnern.

Bei dem Austritt eines geprüften Rechtspraktikanten aus der Praxis bei einer Justizbehörde hat der Vorstand der Behörde, gegebenen Falles nach Anhörung derjenigen Beamten, welchen der Rechtspraktikant zur besonderen Aufsicht zugeteilt war, ein Zeugnis über die Dauer der Praxis, über das dienstliche und außerdienstliche Verhalten, sowie über die Leistungen des Rechtspraktikanten und die hiebei hervorgetretenen Mängel auszustellen und zu den Personalakten des Rechtspraktikanten zu nehmen.

1. Zu Abs. 1 vgl. die Bemerkungen zu § 29 der Verordnung vom 4. Juli 1899 in den „Prüfungsvorschriften für Juristen in Bayern" (München 1899), J. Schweitzer Verlag (Arthur Sellier).

Die Behändigung einer Dienstanweisung an geprüfte Rechtspraktikanten ist nicht vorgeschrieben, wird sich aber empfehlen. Jedenfalls aber wird der Bewerber bei seinem Diensteintritt auf die Bestimmungen der V.O. und der M.B. ausdrücklich hinzuweisen sein.

3. Das nach Abs. 2 auszustellende Zeugnis wird sich auch darüber zu äußern haben, ob der Bewerber sich eine gründliche Kenntnis des Gerichtsschreibereiwesens und des Gebühren- und Kostenwesens angeeignet hat (vgl. § 20 Nr. 3 M.B.).

4. Die Erteilung eines Zeugnisses ist für die bei Rechtsanwälten beschäftigten Bewerber nicht vorgeschrieben, auch diese werden aber gut thun, sich wenigstens eine Bescheinigung über die Dauer der Praxis ausstellen zu lassen, damit ihnen beim Eintritte bei einer Behörde der Nachweis möglich ist, daß sie sich nicht gegen §§ 4 und 5 M.B. verfehlt haben.

5. Den Notariatspraktikanten muß ein Zeugnis ausgestellt werden.

6. Bezüglich der Anzeigen über Eintritt und Austritt s. § 28 M.B.

7. Vgl. noch Bem. 7 zu § 19 M.B.

§ 15. Auf die Praxis der geprüften Rechtspraktikanten bei einer Justizbehörde finden die Vorschriften, die in den §§ 81, 82, 83, im § 84 Abs. 1, 2 und in den §§ 85, 86 der Bekanntmachung vom 6. Juli 1899, die Prüfungen für den höheren Justiz- und Verwaltungsdienst und die Vorbereitung für diese Prüfungen betreffend, für den Vorbereitungsdienst der Rechtspraktikanten vor Ablegung der zweiten Prüfung gegeben sind, entsprechende Anwendung. Selbstverständlich sind die geprüften Rechtspraktikanten während ihrer Praxis bei einer Justizbehörde — unabbrüchig des eigentlichen Zweckes ihrer Praxis, ihrer allseitigen praktischen Ausbildung und wissenschaftlichen Fortbildung — zur Erledigung der laufenden Geschäfte der Behörde entsprechend heranzuziehen.

1. Aus Satz 1 ergibt sich insbesondere folgendes:

a) Die entsprechende Ausbildung der geprüften Rechtspraktikanten ist eine besondere Pflicht aller mit der Leitung der Praxis betrauten Beamten.

b) Jeder Bewerber wird einem oder mehreren Beamten zur besonderen Aufsicht und Überwachung zugewiesen. Diese haben dafür zu sorgen, daß der geprüfte Rechtspraktikant genügend und in fördernder Weise beschäftigt wird.

c) Die Ausbildung hat sich auf alle Zweige der behördlichen Thätigkeit zu erstrecken; thunlichst oft sind die Bewerber mit Verteidigungen zu betrauen. Rein formale Arbeiten sind ihnen nur soweit zu überbürden, als es die Ausbildung erfordert. Schreibwerk haben sie nicht zu leisten.

d) Bei den Amtsgerichten sind die geprüften Rechtspraktikanten nach und nach durch alle Dienstzweige zu führen, bei den Landgerichten nacheinander den verschiedenen Kammern und der Gerichtsschreiberei zuzuteilen.

2. Vgl. im übrigen die Bemerkungen zu §§ 82, 83, 84, 85 der Ministerialbekanntmachung vom 6. Juli 1899 in den „Prüfungsvorschriften für Juristen in Bayern" (München, J. Schweitzer Verlag 1899).

3. Aus Abs. 2 ergibt sich, daß die Bewerber auch zum Sitzungsdienste heranzuziehen sind.

4. Die Regeln des § 15 erleiden eine wesentliche Einschränkung in den Fällen der besonderen Praxis (vgl. § 20 M.B.). Diese erstreckt sich nur auf bestimmte Dienstzweige.

§ 16. Den bei den Gerichten, Staatsanwaltschaften und Notariaten in Praxis stehenden geprüften Rechtspraktikanten ist die Teilnahme an den für die Rechtspraktikanten im Vorbereitungsdienste nach § 84 Abs. 3, § 87 der Bekanntmachung vom 6. Juli 1899, die Prüfungen für den höheren Justiz- und Verwaltungsdienst und die Vorbereitung für diese Prüfungen betreffend, stattfindenden Unterweisungen und Übungen zu gestatten. Es können auch besondere Übungen und Unterweisungen für sie abgehalten werden.

§ 17. Sekretäre, die sich um Anstellung als Richter bewerben wollen und hiezu geeignet erscheinen, sind wie geprüfte Rechtspraktikanten, welche die Praxis fortsetzen, neben ihrer eigentlichen Geschäftsaufgabe auch, soweit möglich, in den richterlichen Geschäften zu unterweisen und zu beschäftigen.

§ 18. Zur Übernahme der Stellvertretung eines Rechtsanwalts in einzelnen Rechtssachen, einer Verteidigung, der

Stelle eines Bevollmächtigten oder Beistandes in Civilsachen oder einer sonstigen Vertretung, die in den Kreis des Anwaltsberufs fällt, bedürfen die bei einer Justizbehörde zugelassenen geprüften Rechtspraktikanten der Genehmigung des Amtsvorstandes. Die Genehmigung ist nur für den einzelnen Fall und nur dann zu erteilen, wenn dienstliche Bedenken nicht entgegenstehen.

Diese Bestimmungen finden keine Anwendung auf die Fälle des § 116 der C.P.O. und auf die Fälle der Pflichtverteidigung.

Macht sich ein geprüfter Rechtspraktikant in der Übernahme von Wahlverteidigungen eines mit den dienstlichen Interessen nicht verträglichen Übermaßes schuldig, so kann ihm vom Vorstande die Übernahme solcher überhaupt untersagt werden.

§ 19. Die bei einer bayerischen Justizbehörde in Praxis stehenden geprüften Rechtspraktikanten dürfen sich ohne Genehmigung des Amtsvorstandes nicht über 24 Stunden vom Amtsitz entfernen.

Urlaub kann ihnen in jedem Geschäftsjahre bis zur Dauer von einem Monate vom Amtsvorstand erteilt werden. Gesuche um Urlaub von längerer Dauer sind vom Amtsvorstande mit gutachtlicher Äußerung dem Staatsministerium der Justiz vorzulegen.

Gesuche um Erteilung eines Urlaubs von mehr als drei Tagen sind schriftlich anzubringen und zu verbescheiden.

Zum Zwecke der Ableistung von militärischen Übungen bedürfen die geprüften Rechtspraktikanten keines Urlaubs. Sie haben lediglich dem Vorstande der Behörde den Nachweis des Beginnes und der Dauer der Übung vorzulegen.

1. Ein Recht auf Urlaub besteht nicht.

2. Abs. 4 handelt lediglich von der Ableistung von Reserveübungen, dagegen nicht vom Abdienen des Einjährig-Freiwilligen-Jahres (s. hiezu Bem. 2 zu § 5 M.B.).

3. Der im Abs. 4 verlangte Nachweis wird durch Vorlage der Einberufungsordre, des Militärpasses oder eines besonderen Zeugnisses der Militärbehörde (Bezirkskommando) zu führen sein.

4. In Krankheitsfällen wird der Rechtspraktikant gut thun, seine Verhinderung sofort durch ein ärztliches Zeugnis zu bescheinigen (s. übrigens auch § 25 Abs. 2 M.B.).

5. Als Erteilung eines Urlaubs wird es nicht anzusehen sein, wenn dem Bewerber aus *besonderen Gründen* für einzelne Tage oder halbe Tage dienstfrei gegeben wird.

6. Auf die besondere Praxis wird weder die Zeit von Krankheiten noch die des Urlaubs oder militärischer Übungen angerechnet (§ 22 M.B.).

7. Die Anführung von Urlaubszeit, von Krankheiten und militärischen Übungen im Abgangszeugnisse (§ 14 Abs. 2 M.B.) ist nicht vorgeschrieben, kann aber unter Umständen empfehlenswert sein.

IV. §§ 20–24 zu § 7 der V.O.

§ 20. Auf grund des § 7 der Verordnung werden bis auf weiteres folgende Bestimmungen getroffen:

1. Geprüfte Rechtspraktikanten, die sich um Anstellung als Richter bewerben wollen, haben mindestens sechs Monate bei einem bayerischen Amtsgerichte Praxis zu nehmen und sind während dieser Zeit ausschließlich in der freiwilligen Gerichtsbarkeit und im Grundbuch- und Hypothekenwesen sowie in dem hierauf bezüglichen Teile des Gebühren- und Kostenwesens zu beschäftigen.
2. Geprüfte Rechtspraktikanten, die sich um Anstellung als dritter Staatsanwalt bewerben wollen, haben außerdem mindestens noch auf die Dauer von vier Monaten Praxis bei der Staatsanwaltschaft an einem bayerischen Landgerichte zu nehmen.
3. Geprüfte Rechtspraktikanten, die sich um Anstellung als Sekretär bewerben wollen, haben sich eine gründliche Kenntnis des Gerichtsschreibereidienstes und des gerichtlichen Gebühren- und Kostenwesens anzueignen und zu diesem Zwecke, insoweit ihnen dies während der in Ziff. 1 vorgeschriebenen Praxis oder während ihrer sonstigen Praxis bei Gerichten nicht möglich war, eine Zeit lang ausschließlich Praxis bei der Gerichtsschreiberei eines bayerischen Amtsgerichts oder Landgerichts zu nehmen.
4. Für die Bewerber um Anstellung als Notar bewendet es bei den Bestimmungen im § 9 des Notariatsgesetzes vom 9. Juni 1899. Es wird jedoch Gewicht darauf gelegt, daß der Bewerber vor Einreichung seines Gesuchs um Anstellung als Notar mindestens einmal als Verweser eines Notariats in der Dauer von mindestens vier Wochen zur Zufriedenheit Dienste geleistet hat.

1. § 20 zählt die Fälle der *besonderen Praxis* auf (s. Bem. 1 zu § 1 V.O.).

2. S. vor allem auch § 22 M.B.

3. Während der Dauer der im § 20 Nr. 1 gebotenen Praxis ist eine Beschäftigung der Bewerber in anderen als den aufgeführten Dienstzweigen schlechthin unzulässig, also auch die Heranziehung zum Sitzungsdienste. Die freiwillige Übernahme anderer Geschäfte durch die Bewerber ist nur zulässig, soweit dadurch ihre Ausbildung in der freiwilligen Gerichtsbarkeit u. s. w. nicht beeinträchtigt wird.

4. Wie lange die in Nr. 3 gebotene Praxis zu nehmen ist, wird das Ministerium von Fall zu Fall nach seinem Ermessen anordnen können. Daß sie nicht unterbrochen werden dürfe, ist zwar nicht ausdrücklich bestimmt, kann aber wohl im einzelnen Falle verlangt werden.

5. Die in Nr. 4 bezeichnete Praxis kann unterbrochen werden. Es hat bei den Bestimmungen des § 5 M.B. sein Bewenden.

6. Bei Ableistung der im § 20 Nr. 1 bezeichneten Praxis werden die Bewerber insbesondere auch im Registerwesen, nicht nur im Nachlaß- und Vormundschaftswesen zu unterweisen sein.

7. Darüber, daß die besondere Praxis auch schon vor Bekanntgabe des Prüfungsergebnisses begonnen werden kann, s. § 1 V.O. Bem. 4.

8. Die in Nr. 2 bezeichnete Praxis wird nach der in Nr. 1 bezeichneten abzuleisten sein.

§ 21. Die Amtsvorstände haben bei jeder Vorlage eines Anstellungsgesuchs ausdrücklich zu erwähnen, ob der Bewerber sich der für die erstrebte Anstellung vorgeschriebenen Praxis unterzogen, welche Leistungen er dabei bethätigt und ob er die zur selbständigen Erledigung der Geschäfte der von ihm erstrebten Stelle erforderliche Sachkenntnis und Gewandtheit in hinreichendem Maße erworben hat.

Falls ein Bewerber sich im Hypotheken- und Grundbuchwesen besonders bewandert und verwendbar erweist und eine Verwendung bei Hypothekenbereinigungen oder den Arbeiten für die Anlegung des Grundbuchs anstrebt, so ist hierüber Anzeige an das Staatsministerium der Justiz zu erstatten.

§ 22. Die im § 20 Ziff. 1, 2 vorgeschriebene Praxis ist ununterbrochen zu nehmen.

Auf die vorgeschriebene Dauer dieser Praxis kann nach ihrem Zwecke weder die Zeit des Urlaubs noch die Zeit, während welcher der geprüfte Rechtspraktikant durch unverschuldete Hindernisse (Krankheit, Militärdienst) der Praxis entzogen war, angerechnet werden.

1. Die im Abs. 2 aufgezählten Gründe für eine Aussetzung der Praxis, sowie das Nehmen von Urlaub gelten nicht als Unterbrechung, aber die versäumte Zeit wird auch nicht in die Praxis eingerechnet; die Praxis kann nach Behebung des Hindernisses fortgesetzt werden und die bisherige

Ableistung der Praxis bleibt wirksam und wird eingerechnet. Der Bewerber erleidet also nur den Nachteil, daß die Vollendung der Praxis später erfolgt, auch muß er sich unter Umständen — wenn z. B. die Praxis durch Krankheit sehr lange Zeit gehemmt war — auf eine Verlängerung der Praxis nach § 8 V.O. gefaßt machen.

Unter „Militärdienst" im Sinne des Abs. 2 ist sowohl die Ableistung einer Übung, als auch das Abdienen des Einjährig-Freiwilligen-Jahres zu verstehen.

2. Jede Unterbrechung der Praxis — gleichviel von welcher Dauer — bewirkt, daß der bisher geleistete Teil nicht mehr beachtet wird und die Praxis nochmals ganz wiederholt werden muß.

Dies ist also der Fall, wenn z. B. der Bewerber vor Beendigung der Praxis seinen Austritt erklärt, oder die Fortsetzung thatsächlich unterläßt, oder wenn er auf grund des § 10 V.O. aus der Praxis entlassen wird, ohne sie sofort bei einer andern Behörde wieder anzutreten, oder wenn die zeitweilige Ausschließung von der Praxis verfügt wird.

Das Gleiche wird zu gelten haben, wenn dem Bewerber auf grund des § 10 Abs. 2 V.O. die Fortsetzung der Praxis vorläufig untersagt wird. Würde jedoch in diesem Falle die Verfügung der Disziplinarbehörde auf eingelegte Beschwerde hin aufgehoben, so würde das Hindernis als unverschuldet zu betrachten und nur nach Abs. 2 zu behandeln sein.

3. Eine Vorschrift des Inhalts, daß die in § 20 Nr. 1 und 2 M.B. bezeichnete Praxis nur bei einer Behörde abgeleistet werden dürfe, ist nicht getroffen. Ein Wechsel wird also — vorausgesetzt, daß auch nicht ein Tag zwischen dem Austritte bei der einen Behörde und dem Eintritte bei der andern in Mitte liegt — zulässig sein. Damit jedoch nicht die Gefahr entsteht, daß auf grund des § 8 V.O. eine Verlängerung der Praxis verfügt werde, wird der Bewerber gut thun, sich rechtzeitig zu vergewissern, ob der Wechsel die Zustimmung des Ministeriums findet.

4. Eine Dispensation von den Bestimmungen des § 22 wird im einzelnen Falle möglich sein (s. die Bemerkungen zu § 14 V.O.).

§ 23. Den Bewerbern wird angeraten, die im § 20 vorgeschriebene Praxis rechtzeitig abzulegen, damit sie, wenn die Reihe des Vorschlags zur Anstellung sie trifft, nicht hinter Bewerbern aus dem gleichen Prüfungsjahr und mit gleicher Note, welche die vorgeschriebene Praxis bereits erstanden haben, zurückstehen müssen.

§ 24. Diejenigen geprüften Rechtspraktikanten, welche sich nur dem Gerichtsschreiberdienste widmen wollen, werden gut daran thun, sich im Hauptverzeichnisse der Bewerber um Anstellung im höheren Justizstaatsdienste streichen zu lassen und um Aufnahme in die Liste der geprüften Bewerber für das Gerichtsschreiberamt nachzusuchen, da sie sonst nur nach der Reihe ihrer Prüfung zur Anstellung vorgeschlagen werden können.

Geprüfte Rechtspraktikanten, die in die Liste der geprüften Bewerber um das Gerichtsschreiberamt aufgenommen sind, haben für die Folge die für die Fortsetzung der Praxis dieser Bewerber bestehenden Vorschriften zu beachten.

Zu Abs. 2 vgl. die Verordnung vom 23. August 1879 § 20 (J.M.Bl. S. 388).

V. §§ 25, 26 zu den §§ 9, 10 der V.O.

§ 25. Erhält eine Justizbehörde Kenntnis von Thatsachen, die geeignet sind, Disziplinareinschreitung gegen einen Bewerber um Anstellung im höheren Justizstaatsdienste zu veranlassen oder die auf die Frage seiner künftigen Verwendung im Justizdienste von Einfluß sein können, so hat sie diese Thatsachen und die etwaigen Beweismittel derjenigen Justizbehörde mitzuteilen, welcher die Dienstaufsicht über den Bewerber in erster Linie zusteht.

Die Dienstaufsichtsbehörde hat die ihr mitgeteilten und die zu ihrer Kenntnis kommenden Thatsachen, die von Einfluß auf die Frage der Anstellung des Bewerbers sein können, so insbesondere auch Erkrankungen, welche die dauernde Dienstfähigkeit zweifelhaft erscheinen lassen, sowie jede Disziplinierung eines Bewerbers dem Staatsministerium der Justiz zu berichten.

Ist der Bewerber zur Rechtsanwaltschaft zugelassen, so tritt an die Stelle der Dienstaufsichtsbehörde der Vorstand des im § 2 Abs. 3 bezeichneten Gerichts.

1. Die Anzeigen über Bewerber, die ihre Beschäftigung gemäß § 2 V.O. außerhalb Bayerns genommen haben, sind unmittelbar dem Justizministerium vorzulegen (vgl. Bem. 2 zu § 9 V.O.).

2. Unter § 25 fallen nicht Anzeigen über ein Strafverfahren oder ein Verfahren vor der Anwaltskammer, soferne das Verfahren in Bayern geführt wird, denn hier liegt die Anzeigepflicht den staatsanwaltschaftlichen Behörden ob (§ 26 M.B.).

Dagegen umfaßt die Anzeigepflicht des § 25 ein in einem anderen deutschen Bundesstaat oder im Ausland gegen einen Bewerber durchgeführtes Verfahren.

§ 26. Von jeder Einleitung eines Strafverfahrens gegen einen Bewerber um Anstellung im höheren Justizstaatsdienste sowie von jeder Einleitung eines ehrengerichtlichen Verfahrens gegen einen zu den Bewerbern um Anstellung im höheren Justizstaatsdienste zählenden Rechtsanwalt haben die Staatsanwälte unter Mitteilung des Sachverhaltes sofort dem Staatsministerium der Justiz Anzeige zu erstatten. Sie haben weiter von Zeit zu Zeit über den Fortgang des Verfahrens zu berichten und nach der Erledigung eine Abschrift des rechtskräftigen Urteils dem Staatsministerium der Justiz vorzulegen.

1. Als Zeitpunkt der Einleitung des Strafverfahrens dürfte die Einreichung der Anklageschrift anzusehen sein (vgl. § 76 Rechtsanwaltsordnung).

2. Die Oberstaatsanwälte erhalten davon, welche Rechtsanwälte noch als Bewerber im Hauptverzeichnis weitergeführt werden, durch die nach § 2 Abs. 3 und 4 M.B. ihnen zugehenden Mitteilungen Kenntnis. Im übrigen werden die Staatsanwälte bei etwa entstehenden Zweifeln über die Eigenschaft eines Angeschuldigten als Bewerber um Anstellung sich rechtzeitig durch Anfrage bei den Aufsichtsbehörden Sicherheit verschaffen müssen.

3. Die Herstellung einer Abschrift des Urteils wird Sache der Gerichtsschreiberei bezw. des Vorstands der Anwaltskammer sein.

VI. § 27 zu § 11 der V.O.

§ 27. Die Bewerber um Anstellung im höheren Justizstaatsdienste, die nach § 11 der Verordnung verpflichtet sind, eine Geschäftsaushilfe oder eine Hilfsarbeiterstelle zu übernehmen, müssen jederzeit zur Übernahme bereit sein. Von der Übernahme eines solchen Auftrages kann nur aus wichtigen Gründen entbunden werden.

Die Weigerung, einen solchen Auftrag zu übernehmen, ist sofort dem Staatsministerium der Justiz zu berichten. Sie hat die Streichung des Bewerbers aus dem Hauptverzeichnisse zur Folge.

Rechtsanwälten und geprüften Rechtspraktikanten, die sich gegen Bezahlung bei Notariaten oder Rechtsanwälten in Praxis befinden, wird der Auftrag zur Übernahme einer Geschäftsaushilfe oder einer Hilfsarbeiterstelle nur dann zugehen, wenn Aussicht besteht, daß die Funktion längere Zeit dauert oder daß bei ihrer Beendigung der Vorschlag zur Anstellung erfolgen kann.

1. S. die Bemerkungen zu § 11 V.O.
2. S. a. § 33 M.B.

VII. §§ 28, 29. Anzeigeerstattung.

§ 28. Damit bei dem Staatsministerium der Justiz das Hauptverzeichnis der Bewerber um Anstellung im höheren Justizstaatsdienste stets richtig und vollständig geführt werden kann, muß das Staatsministerium der Justiz von jedem Eintritt eines Bewerbers in eine Praxis oder Beschäftigung sofort Kenntnis erhalten.

Um dies zu ermöglichen, wird Folgendes bestimmt:

1. Von jedem Eintritt eines geprüften Rechtspraktikanten in die Praxis bei einer bayerischen Justizbehörde und von jedem Austritte hat der Vorstand der Behörde sofort dem Staatsministerium der Justiz Anzeige zu erstatten.
2. Bewerber, die bei einem Rechtsanwalt oder bei einer anderen als einer Justizbehörde oder bei einer privaten Anstalt oder Unternehmung in Praxis oder Beschäftigung treten, haben, wenn die Praxis oder Beschäftigung in Bayern genommen wird, den Eintritt in die Praxis oder Beschäftigung und den Austritt stets binnen einer Woche der zunächst vorgesetzten Aufsichtsbehörde (§ 9 der Verordnung) anzuzeigen.

   Die Aufsichtsbehörden haben diese Anzeigen sofort dem Staatsministerium der Justiz vorzulegen.
3. Bei der Vorlegung jeder Anzeige ist das Jahr und das Ergebnis der zweiten Prüfung anzugeben.
4. Die Anzeigen sind für jeden Rechtspraktikanten gesondert zu erstatten.
5. Diese Vorschriften finden auf Anzeigen von dem Tode eines geprüften Rechtspraktikanten entsprechende Anwendung.

1. Den Rechtsanwälten ist eine Anzeige vom Wechsel der Zulassung und von der Aufgabe der Zulassung nicht zur Pflicht gemacht. Das Ministerium erhält von diesen Vorgängen ohnehin gelegentlich der Führung der Rechtsanwaltslisten und der Verbescheidung der Gesuche Kenntnis.

2. Den nicht in Bayern beschäftigten Bewerbern ist durch § 28 Abs. 2 keine Anzeigepflicht auferlegt. Allein Anzeigen über Eintritt und Austritt, sowie über einen Wechsel in der Beschäftigung werden sie gleichwohl erstatten müssen, wenn auch nicht binnen bestimmter Frist (s. Bem. 1 zu § 1 M.B.). Es kann übrigens die Erstattung von Anzeigen bei Erteilung der Genehmigung noch besonders zur Bedingung gemacht werden.

3. Zu Abs. 2 Nr. 2 vgl. § 29.

§ 29. Unterlassungen der in § 28 Ziff. 2 vorgeschriebenen Anzeigen haben für die geprüften Rechtspraktikanten die gleichen Nachteile wie die Unterlassung des rechtzeitigen Eintrittes oder die Unterbrechung der Praxis (§ 7) zur Folge.

1. Die Unterlassung der Anzeigen kann bewirken, daß das Justizministerium den Bewerber aus dem Hauptverzeichnisse streicht, weil nicht

ersichtlich ist, ob er die Bestimmungen über Unterbrechung der Praxis beobachtet hat. Die Aufnahme kann nachträglich wieder erfolgen, wenn nachgewiesen wird, daß die Praxis richtig abgeleistet wurde, doch kann sich dadurch eine Verzögerung in der Anstellung ergeben.

2. Eine Verspätung der Anzeige kann ähnliche Folgen nach sich ziehen.

3. Unterlassung der Anzeigen oder Versäumung der Frist können auch disziplinär geahndet werden.

VIII. § 30. Verehelichung.

§ 30. Die Aufsichtsbehörden haben darüber zu wachen, daß die Königlich Allerhöchste Verordnung vom 20. August 1868, die Verehelichung der Staatsdienstadspiranten betreffend (Reg.Bl. S. 1609), beobachtet wird.

Hat sich ein geprüfter Rechtspraktikant verehelicht, ohne daß die Verehelichung vom dienstlichen Standpunkt aus gewürdigt wurde, so hat er um Aufnahme in das Hauptverzeichnis förmlich nachzusuchen. Das Gesuch ist bei dem Staatsministerium der Justiz einzureichen. Vor der Bewilligung der Aufnahme in das Hauptverzeichnis darf der Rechtspraktikant bei keiner Justizbehörde zur Fortsetzung der Praxis zugelassen werden.

Ein Bewerber um Anstellung im höheren Justizstaatsdienste, der sich verehelicht, ohne daß seine Verehelichung vom dienstlichen Standpunkt aus gewürdigt worden ist, wird vom Hauptverzeichnisse gestrichen.

Von der Verehelichung eines Bewerbers ist dem Staatsministerium der Justiz Anzeige zu erstatten. Dabei ist ausdrücklich zu bemerken, ob die Bewilligung zur Verehelichung erteilt worden ist.

In allen Anzeigen über den Eintritt eines geprüften Rechtspraktikanten in eine Praxis oder Beschäftigung ist der Familienstand anzugeben und gegebenen Falles zu bemerken, ob die Verehelichung vom dienstlichen Standpunkt aus gewürdigt wurde.

Die Rechtsanwälte sind nach Abgabe der in § 2 bezeichneten Erklärung von dem Vorstande des im § 2 Abs. 3 bezeichneten Gerichts auf die Bestimmungen der Verordnung vom 20. August 1868 ausdrücklich hinzuweisen. Dem Vorstande dieses Gerichts obliegt die Verpflichtung zu Anzeigeerstattung nach dem Absatz 4; ihm hat der Rechtsanwalt seine Verehelichung anzuzeigen.

Im übrigen finden auf die Erstattung der Anzeige von der Verehelichung eines Bewerbers und auf die Verpflichtung der Bewerber um Anstellung im höheren Justizstaatsdienst, ihre Verehelichung anzuzeigen, die Vorschriften der §§ 28, 29 entsprechende Anwendung. Ist hienach eine Behörde, der die Anzeige zu erstatten ist, nicht bestimmt, so ist sie an das Staatsministerium der Justiz unmittelbar zu richten.

1. Gemäß der Verordnung vom 20. August 1868 hat jeder Bewerber die von ihm beabsichtigte Verehelichung der dienstlichen Würdigung zu unterstellen und zwar erfolgt die Würdigung nach der Verordnung durch diejenige Stelle, bei der der Bewerber vorgemerkt ist. Diese Bestimmung wird — entsprechend der bisherigen Praxis — dahin auszulegen sein, daß die Würdigung durch die Dienstaufsichtsbehörde (§ 9 V.O.) zu erfolgen hat. Für Bewerber, die außerhalb Bayerns beschäftigt sind, wird das Justizministerium zuständig sein, ebenso auch für Rechtsanwälte in Bayern, denn auch für diese ist eine besondere Dienstaufsichtsbehörde nicht bestimmt (Abs. 6 betrifft nur die Anzeigepflicht).

Die Verehelichung von Notariatskonzipienten hat der Notar zu würdigen (vgl. auch die Bemerkungen zu § 9 V.O.).

2. Die Ministerialentschließung vom 22. Januar 1897 ermöglicht es den Bewerbern, die sich während der Ableistung des Vorbereitungsdienstes und nach Ablegung der zweiten Prüfung, aber noch vor Bekanntgabe des Ergebnisses verheiraten wollen, die dienstliche Würdigung sofort behufs Vermeidung späterer Nachteile herbeizuführen.

Es wird sich empfehlen, hievon Gebrauch zu machen, da sich gemäß § 30 Abs. 2 sonst der Eintritt in die Praxis auf jeden Fall verzögern wird.

3. Aus Abs. 2 folgt, daß keine Justizbehörde einen verheirateten Bewerber zur Praxis aufnehmen darf, der nicht Nachweise über die dienstliche Würdigung vorlegt.

4. Im Falle des Abs. 3 kann natürlich unter nachträglicher Einholung der dienstlichen Würdigung um Wiederaufnahme in das Hauptverzeichnis nachgesucht werden.

5. Die im Abs. 4 bestimmte Anzeigepflicht wird dem Beamten obliegen, der die Dienstaufsicht führt, hinsichtlich der Rechtsanwälte dem Vorstande des im § 2 Abs. 3 M.B. bezeichneten Gerichts (s. Abs. 6).

6. Die durch Abs. 7 Satz 1 im Zusammenhalte mit § 29 M.B. angedrohten Nachteile treten auch ein, wenn die Verehelichung, die nicht angezeigt wurde, thatsächlich dienstlich gewürdigt worden ist.

7. Aus Abs. 7 Satz 2 dürfte hervorgehen, daß auch die außerhalb Bayerns beschäftigten Bewerber ihre Verehelichung anzuzeigen haben.

IX. §§ 31, 32. Verzeichnisse.

§ 31. Die Präsidenten der Landgerichte und die Präsidenten der Oberlandesgerichte müssen stets einen Überblick über die in ihrem Bezirke in Praxis oder Beschäftigung befindlichen Bewerber um Anstellung im höheren Justizstaatsdienste besitzen.

Zu diesem Behufe haben sie

1. für jedes Gericht und jedes Notariat des Bezirks, sowie für jeden im Bezirk ihres Gerichts zugelassenen Rechtsanwalt ein gesondertes Verzeichnis der dort in Praxis stehenden geprüften Rechtspraktikanten nach dem beigefügten Formular A;
2. für die in einer sonstigen Praxis oder Beschäftigung im Gerichtsbezirke stehenden geprüften Rechtspraktikanten ein gemeinsames Verzeichnis nach dem beigefügten Formular B und
3. für die Rechtsanwälte, die Erklärungen nach § 2 abgegeben haben, ein gemeinsames Verzeichnis nach Formular C zu führen.

Diese Verzeichnisse sind auf grund der auf dem Dienstwege dem Staatsministerium der Justiz vorzulegenden und auf diese Weise zur Kenntnis der Präsidenten der Landgerichte und Oberlandesgerichte gelangenden Anzeigen stets auf dem Laufenden zu erhalten.

Die Verzeichnisse derjenigen geprüften Rechtspraktikanten, welche sich bei einem der zur Rechtsanwaltschaft bei den Landgerichten München I und II gleichzeitig zugelassenen Rechtsanwälte in Praxis befinden, und die Verzeichnisse der gleichzeitig bei den Landgerichten München I und II zugelassenen Rechtsanwälte, die Erklärungen im Sinne des § 2 abgegeben haben, führt der Präsident des Landgerichts München I.

§ 32. Die Oberstaatsanwälte haben nach dem Formular A über die bei den Staatsanwaltschaften des Oberlandesgerichtsbezirks in Praxis stehenden und über die als Amtsanwälte aufgestellten geprüften Rechtspraktikanten Verzeichnisse zu führen.

X. § 33 zu § 11 der V.O.

§ 33. Die Präsidenten der Oberlandesgerichte haben ein weiteres Verzeichniß zu führen, in das sie auf grund der von ihnen nach § 31 zu führenden Verzeichnisse und der an sie gelangenden Anzeigen diejenigen Bewerber einzutragen haben, welche auf grund der Bestimmung im § 11 der Verordnung zur Übernahme einer Geschäftsaushilfe oder einer Hilfsarbeiterstelle herangezogen werden können.

XI. §§ 34, 35. Vorlage der Verzeichnisse an das Staatsministerium der Justiz.

§ 34. Bis zum 15. Januar jeden Jahres haben die Landgerichtspräsidenten über den durch die Verzeichnisse nach § 31 Ziff. 1 für das abgelaufene Kalenderjahr ausgewiesenen Zu- und Abgang eine Übersicht nach dem beigefügten Formular D dem Präsidenten des Oberlandesgerichts vorzulegen. Der Präsident des Oberlandesgerichts legt sie mit den nötigen Ergänzungen nach dem von ihm geführten Verzeichnisse dem Staatsministerium der Justiz vor.

Bis zum gleichen Tage haben die Oberstaatsanwälte die Uebersichten bezüglich der bei der Oberstaatsanwaltschaft und den landgerichtlichen Staatsanwaltschaften in Praxis stehenden und der als Amtsanwälte in Praxis stehenden geprüften Rechtspraktikanten dem Staatsministerium der Justiz vorzulegen.

§ 35. Bis zum 1. Februar jeden Jahres sind Abschriften der nach § 31 Ziff. 2, 3 hergestellten Verzeichnisse nach dem Stande am Schlusse des abgelaufenen Kalenderjahrs dem Staatsministerium der Justiz vorzulegen.

XII. § 36. Art der Vorlagen an das Staatsministerium der Justiz.

§ 36. Alle nach der Verordnung und nach dieser Bekanntmachung vorgeschriebenen Vorlagen an das Staatsministerium der Justiz haben stets auf dem Dienstwege zu erfolgen.

München, den 7. Januar 1901.

Dr. **Frhr. v. Leonrod.**

Die Praxis der Bewerber um Anstellung im höheren Justizstaatsdienste betr.

Formular A.

Verzeichnis

der bei dem (Amtsgerichte, Landgerichte, Notariate, Rechtsanwalte) in Praxis getretenen geprüften Rechtspraktikanten.

Fortl. Nr.	Familien- und Vor-Name, dann Heimat des Rechtspraktikanten	Prüfungs-		Zeit des Eintrittes			Zeit des Austrittes			Bemerkungen
		Jahr	Note	Tag	Monat	Jahr	Tag	Monat	Jahr	
1.	***Wachter** Franz von Tölz*	*1900*	*II²¹/₄₀*	*1.*	*Januar*	*1901*	*15.*	*März*	*1901*	

Anmerkung: In das Verzeichnis sind auch diejenigen Rechtspraktikanten aufzunehmen, welche vor Bekanntgabe des Prüfungsergebnisses in Praxis getreten sind.

Formular B.

Verzeichnis

der im Bezirke des Landgerichts N. in einer sonstigen Praxis oder Beschäftigung stehenden Rechtspraktikanten nach § 31 Abs. 2 Ziff. 2 der Bekanntmachung vom 7. Januar 1901.

Fortl. Nr.	Name und Heimat des Rechtspraktikanten	Prüfungs- Jahr	Prüfungs- Note	Art der Praxis oder Beschäftigung	Zeit des Eintrittes	Zeit des Austrittes	Bemerkungen
1.	*Franz* ***Müller*** *von Hof*	*1899*	*II* 15/40	*Stenograph beim Bureau der Kammer der Abgeordneten*	*1. Oktober 1901*	*1. April 1902*	
2.	*Hans* ***Meier*** *von Schweinfurt*	*1899*	*II* 4/40	*Bankgeschäft von Molinari & Cie. in München*	*1. Mai 1901*		*hat Prokura.*
3.	*Emil* ***Huber*** *von Erlangen*	*1899*	*II* 8/40	*Handels- und Gewerbekammer von Oberbayern*	*1. Juni 1901*		*versieht die Stelle eines Sekretärs der Kammer.*

Formular C.

K. Landgericht N.
K. Oberlandesgericht N.

Verzeichnis

der in das Hauptverzeichnis der Bewerber um Anstellung im Justizstaatsdienst aufgenommenen Rechtsanwälte.

Fortl. Nr.	Name und Heimat des Rechtspraktikanten	Prüfungs-		Gerichte der Zulassung	Zeit der ersten Eintragung in die Rechtsanwaltsliste	Bemerkungen
		Jahr	Note			
1.	*Karl* ***Gras*** *von Waldmünchen*	*1900*	*I $^{19}/_{40}$*	*Landgericht N.*	*1. Mai 1901*	*hat am 1. Juli 1901 um Anstellung als Sekretär nachgesucht.*
2.	*Xaver* ***Beil*** *von Augsburg*	*1900*	*I $^{32}/_{40}$*	*Landgericht und Oberlandesgericht N.*	*1. Juni 1901*	*hat am 1. Oktober 1901 auf Anstellung verzichtet.*

Formular D.

Übersicht

über den

Zu- und Abgang an geprüften Rechtspraktikanten im Bezirke des K. Landgerichts .... im Geschäftsjahre 19.........

Bezeichnung der I. Gerichte II. Notariate III. Rechtsanwälte	Zahl der bei dem Gerichte angestellten Richter	Zahl der am Schlusse des Geschäftsjahres 1900 in Praxis gestandenen geprüften Rechtspraktikanten	Zahl der im Geschäftsjahre 1901 eingetretenen geprüften Rechtspraktikanten	Zahl der im Geschäftsjahre 1901 ausgetretenen geprüften Rechtspraktikanten	Zahl der am Schlusse des Geschäftsjahres 1901 in Praxis gestandenen geprüften Rechtspraktikanten	Bemerkungen
I. Gerichte.						
1. Landgericht N.	*10*	*3*	*1*	*3*	*1*)*	**) Hilfsarbeiter des Landgerichts-Präsidenten.*
2. Amtsgericht N.	*3*	*2*	*2*	*1*	*3*	*In nebiger Ziffer ist der zur Bereinigung des Hypothekenwesens aufgestellte Funktionär N. einbegriffen.*
3. „ N.	*2*	*1*	*1*	—	*2*	*In nebiger Ziffer ist der Anlegungskommissär einbegriffen.*
II. Notariate.						
1. Notariat N.	—	*1*	—	—	*1*	
III. Rechtsanwälte.						

Anmerkung: Befinden sich unter der in Spalte 6 vorgetragenen Ziffer Rechtspraktikanten, deren Prüfungsnote noch nicht bekannt ist, so ist die Zahl derselben in Spalte 7 zu bemerken.

A. Übersicht*)

über die Ergebnisse der ersten juristischen Prüfung in den Jahren 1896 bis 1900.

Jahrgang	Zahl der geprüften Kandidaten	Zahl der befähigten Kandidaten
1896	301	227
1897	269	212
1898	260	210
1899	231	188
1900	233	175

*) Man vergleiche zu den nachfolgenden Übersichten A—D die im Justizministerialblatt 1895 S. 287—294 veröffentlichten Übersichten.

B. Übersicht über die Ergebnisse der zweiten juristischen Prüfung in den [...] praktikanten im Justizdienste, sowie die Zulassung dieser geprü[...]

Jahrgang		Zahl der mit Erfolg geprüften Kandidaten	Hievon erhielten die Note I.	Note II.	Note III.	Von den geprüften Kandidaten haben sich dem Justizdienste zugewendet mit der Note I.	Note II.	Note III	Summa	Anstellungs-Ver[...]: Von den mit Note I Geprüften erlangten ihre Anstellung als Sekretäre	III. Staatsanwälte	Amtsrichter	Notare	wurden zur Rechtsanwaltschaft zugelassen	Von den mit Note II Geprüften erlangten ihre Anstellung als Sekretäre	III. Staatsanwälte	Amtsrichter	Notare
		1.	2.	3.	4.	5.	6.	7.	8.	9.	10.	11.	12.	13.	14.	15.	16.	17.
1890	in den Landesteilen r./Rh.	163	4	119	40	2	68[1])	37	106	—	1	2 1891	—	—	26[2])	17 1892	45 VI./92 bis XI./94	3 1893
	in der Pfalz	28	—	20	8	—	13[1])	7[2])	—	—	—	—	—	—	5	3 III./1896	8 III./1897	1 IX./97
1891	in den Landesteilen r./Rh.	217	3	133	81	1	85[1])	66[2])	152	—	—	1 1893	—	—	41[3])	19 X./92 bis I./95	61 X./93 bis VII./95	4 VI./94 bis V./95
	in der Pfalz	29	—	19	10	—	10[1])	8[2])	18	—	—	—	—	—	1	6[2]) I./95 bis III./97	7 I./96 bis I./00	—
1892	in den Landesteilen r./Rh.	230	—	174	56	—	114[1])	52[2])	166	—	—	—	—	—	57[3])	20 III./94 bis XI./95	82[4]) XII./94 bis X./97	5 VIII./95
	in der Pfalz	26	—	21	5	—	10[1])	6[2])	16	—	—	—	—	—	1	—	2 IV./98 bis VII./98	1 XI./99
1893	in den Landesteilen r./Rh.	280	1	217	62	1	137	53	191	—	1 1894	1 1895	—	—	78[1])	22 IX./95 bis I./97	103 I./96 bis XII./98	12 II./97 bis V./98
	in der Pfalz	27	—	20	7[1])	—	11	6	17	—	—	—	—	—	—	2 VIII./97 bis VI./98	9 VII./98 bis XII./99	—
1894	in den Landesteilen r./Rh.	283	—	152	131	—	97[1])	112[3])	209	—	—	—	—	—	56[2])	11 X./96 bis II./98	70 IV./97 bis XI./99	3
	in der Pfalz	29	—	18	11	—	15)	11[3])	26	—	—	—	—	—	7[2])	2 VI./98	10 VII./98 bis VII./00	—

bis 1899 und über die Anstellung der in diesen Jahren geprüften Rechts-
ktikanten zur Rechtsanwaltschaft (letztere beide bis zum 31. Dezember 1900).

…[illegible]	…se …n den mit Note III Geprüften …gten ihre Anstellung als Amtsrichter	 Notare	wurden zur Rechtsanwaltschaft zugelassen	Es verfloß mithin für die geprüften Rechtspraktikanten bis zur Anstellung als **Richter** ein Zeitraum von Jahren Note I	 Note II	 Note III	Bemerkungen
…anwälte							
…0.	21.	22.	23.	24.	25.	26.	
—	25 XI./94 bis XI./99	5 1895	6	1	$1^1/_2$–4	4–$8^3/_4$	1) davon 1 zum Reichsdienst beurlaubt. 2) 1 davon gestorben, die anderen inzwischen sämtlich zu Amtsrichtern ernannt, ebenso alle III. Staatsanwälte; von den letzteren ist 1 zum Verwaltungsdienst übergetreten. 3) davon 1 gestorben, die übrigen inzwischen zu Amtsrichtern ernannt.
—	—	3 I./98 bis XI./99	—	—	$6^1/_4$–$6^3/_4$	—	1) davon im rechtsrheinischen Bayern 1 als Notar (XI./93) und 1 als Amtsrichter (XI./93) ernannt. 2) davon 2 als Strafanstalts-Assessoren angestellt, 2 im rechtsrheinischen Bayern als Sekretäre (1893) und bezw. Amtsrichter (III./95) angestellt.
—	24 V./96 bis XI./99	20 IV./95 bis VII./98	16	2	2–$3^1/_2$	$4^1/_2$–$7^3/_4$	1) 1 Rechtspraktikant ist z. Z. Notariatsgehilfe, 2 sind zu Strafanstalts-Assessoren ernannt worden. 2) 4 sind zu Strafanstalts-Assessoren ernannt worden. 3) die Sekretäre u. III. Staatsanwälte sind inzw. sämtl. zu Amtsrichtern ernannt worden. 4) davon 24 zu Amtsrichtern ernannt, 1 z. Notariat u. 1 zur Rechtsanwaltschaft übergetreten.
—	1 VIII./98	1 II./00	3	—	4–8 4)	$7^1/_2$	1) davon 1 als Strafanstalts-Assessor angestellt. 2) ein III. Staatsanwalt wurde (VI./98) zum II. Staatsanwalt befördert. 3) davon 2 im rechtsrheinischen Bayern als Sekretäre und später (IV./96, V./97) als Amtsrichter angestellt. 4) 1 Rechtspraktikant mit Note II kam, weil längere Zeit III. Staatsanwalt, erst 1900 zur Anstellung als Amtsrichter.
—	16 X./97 bis XI./99	17 X./96 bis II./00	10	—	2–$4^3/_4$	$4^3/_4$–7	1) 1 Rechtspraktikant zum Reichsdienste beurlaubt, 1 zum Strafanstalts-Assessor ernannt. 2) 1 Sekretariatsgehilfe, 2 als Strafanstalts-Assessoren angestellt. 3) die Sekretäre und III. Staatsanwälte sind inzwischen sämtlich zu Amtsrichtern ernannt worden, 1 Staatsanwalt gestorben. 4) 1 Amtsrichter erst im Jahre 1899 ernannt, weil nicht früher beworben. 5) davon 2 gestorben, 16 zu Amtsrichtern und 1 zum Notar ernannt.
—	—	1 II./00	1	—	$5^1/_2$	—	1) davon 4 im rechtsrheinischen Bayern als Sekretäre angestellt und in der Zeit vom IX./95 bis XI./96 zu Amtsrichtern ernannt. 2) davon 1 im rechtsrheinischen Bayern als Notar (VII./98) und 1 als Sekretär bezw. Amtsrichter (II./98) angestellt, 1 ist im Strafanstaltsdienst angestellt, 1 ist Notariatsgehilfe.
—	11 XI./99 bis XII./00	16 II./00	10	2	2–5	$6^3/_4$–$7^3/_4$	1) davon 1 zur Rechtsanwaltschaft übergetreten, 1 pensioniert, die übrigen 76, sowie sämtliche III. Staatsanwälte zu Amtsrichtern ernannt. 2) davon 2 gestorben, 11 zu Amtsrichtern ernannt.
—	1 IV./99	—	3	—	$4^1/_2$–$5^3/_4$	$5^1/_4$	1) davon 1 im rechtsrheinischen Bayern als Notar angestellt. 2) davon 1 zum Amtsrichter ernannt.
—	20 5) XII./99 bis XII./00	16 1900	42	—	$2^1/_4$–$5^3/_4$	5–6	1) davon noch 1 in gerichtlicher Praxis, 1 zum Strafanstalts-Assessor ernannt. 2) die Sekretäre und III. Staatsanwälte sind inzwischen sämtlich zu Amtsrichtern ernannt, von letzteren ist 1 zur Rechtsanwaltschaft übergetreten. 3) davon 1 beurlaubt, 2 als Strafanstalts-Assessoren angestellt, 4 als Notariatsgehilfen und 1 als Strafanstalts-Funktionär beschäftigt. 4) davon 1 gestorben, 17 zu Amtsrichtern ernannt. 5) darunter 3 Anlegungsbeamte.
—	1 III./00	—	4	—	$3^1/_2$–$5^1/_2$	$5^1/_4$	1) davon 1 Amtsanwalt. 2) die Sekretäre und III. Staatsanwälte sind inzwischen sämtlich zu Amtsrichtern ernannt worden. 3) davon 1 im rechtsrheinischen Bayern als Sekretär und später (XI./99) als Amtsrichter angestellt; 5 sind bei Notaren beschäftigt.

Jahrgang		Zahl der mit Erfolg geprüften Kandidaten	Hievon erhielten die Note I.	Note II.	Note III.	Von den geprüften Kandidaten haben sich dem Justizdienste zugewendet mit der Note I.	Note II.	Note III	Summa	Anstellungs-Ver… Von den mit Note I Geprüften erlangten ihre Anstellung als Sekretäre	III. Staatsanwälte	Amtsrichter	Notare	wurden zur Rechtsanwaltschaft zugelassen	Von den mit Note II Geprüften erlangten ihre Anstellung als Sekretäre	III. Staatsanwälte	Amtsrichter	Notare
		1.	2.	3.	4.	5.	6.	7.	8.	9.	10.	11.	12.	13.	14.	15.	16.	17.
1895	in den Landesteilen r./Rh.	308	-	210	98	—	148[1])	93[2])	241	—	—		—	—	74[3])	19[4]) XII./97 bis II./99	97 IX./98 bis VI./00	7 XII./9… bis VI./…
	in der Pfalz	29	—	19	10	—	8	9	17	—	—	—		—	2	1[1]) VI./98	7[2]) VII./98 bis XII./99	—
1896	in den Landesteilen r./Rh.	315	—	203	112	—	153[1])	100[2])	253	—	—	—	—	—	42[3])	20 III./99 bis XI./99	68 IX./99 bis XII. 00	3 XII./9… bis XII./…
	in der Pfalz	26	—	16	10	—	14	9	23	—	—	—	—	—	1	3 XII./99	7[1]) XII./99 bis VII./00	—
1897	in den Landesteilen r./Rh.	218	—	155	63	—	117[1])	61[2])	178	—	—	—	—	—	33	15 I./00 bis XI./00	9[2]) I./00 bis XII./00	—
	in der Pfalz	33	—	21	12	—	17[1])	12[2])	29	—	—	—	—	—	—	3 XII./99	3[3]) XII./99	—
1898	in den Landesteilen r./Rh.	224	3	150	71	2	96[1])	61	159	—	—	1 X. 00	—	1	23	8 XII./00	1 X./00	—
	in der Pfalz	31	—	24	7	—	20	6	26	—	—	—	—	—	—	—	—	—
1899	in den Landesteilen r./Rh.	158	—	123	35	—	88[1])	30	118	—	—	—	—	—	—	—	—	—
	in der Pfalz	27	1	20	6	—	14	5	19	—	—	—	—	—	—	—	—	—

Anmerkung:

1. In der Rubrik 1 ist die Zahl der Kandidaten angegeben, welche zu dem nebenbenannten Konkursjahre gerechnet werden, Prüfung des Vorjahrs gezählt werden, jedoch unter Hinzurechnung derjenigen, welche aus der Prüfung des nachfolgende
2. Die in den Rubriken 11, 16, 21 enthaltenen Zahlen schließen zum Teil die in den Rubriken 9 und 10, 14 und 15, 1

ſſe				Es verfloß mithin für die geprüften Rechtspraktikanten bis zur Anstellung als **Richter** ein Zeitraum von Jahren			Bemerkungen
Von den mit Note III Geprüften							
…angten ihre Anstellung als			wurden zur Rechtsanwaltschaft zugelassen				
…III. Staatsanwälte	Amtsrichter	Notare		Note I	Note II	Note III	
20.	21.	22.	23.	24.	25.	26.	
—	11[5]) X./00 bis XII./00	5 VIII./00 bis XII./00	28	—	2¾—4½	5	[1]) davon sind 4 gestorben, 2 zur Zeit beurlaubt, 1 zum Strafanstalts-Assessor ernannt. [2]) davon sind 3 gestorben. [3]) davon inzwischen 71 zu Amtsrichtern ernannt. [4]) sämtliche inzwischen zu Amtsrichtern ernannt. [5]) davon sind 10 als Hyp.Ver.= und Grdb.Anl.Beamte verwendet.
—	1 XII./00	—	—	—	2½—4	5	[1]) Sekretäre und Staatsanwälte inzwischen zu Amtsrichtern ernannt. [2]) darunter 2 Anlegungsbeamte, 1 Amtsrichter zum Universitätsprofessor ernannt. [3]) davon 1 inzwischen zum Amtsrichter ernannt.
—	—	—	39	—	2¾—4	—	[1]) davon 7 beurlaubt, 1 gestorben. [2]) davon 2 beurlaubt. [3]) von den Sekretären sind inzwischen 10, von den Staatsanwälten 18 zu Amtsrichtern ernannt worden, 1 Sekretär ist in den Reichsdienst getreten, 1 gestorben; 1 Amtsrichter ist zum Reichsdienste beurlaubt, 35 Amtsrichter sind als Anlegungsbeamte verwendet.
—	—	—	3	—	3—4	—	[1]) die 7 Amtsrichter sind als Anlegungsbeamte verwendet.
—	—	—	23	—	2—3	—	[1]) davon 2 gestorben, 1 beurlaubt. [2]) davon 1 gestorben. [3]) darunter 7 Anlegungsbeamte.
—	—	—	5	—	2	—	[1]) 1 beurlaubt. [2]) 1 beurlaubt. [3]) die Amtsrichter sind als Anlegungsbeamte verwendet.
—	—	—	17	1¾	1¾	—	[1]) 5 beurlaubt.
—	—	—	—	—	—	—	
—	—	—	14	—	—	—	[1]) davon sind 7, bezw. drei beurlaubt wegen Verwendung im Reichs= oder Gemeindedienst, 1 leistet zur Zeit Militärdienste.
—	—	—	—	—	—	—	

…ahl derjenigen, welche in diesem Jahre die Prüfung bestanden haben abzüglich derjenigen welche aus besonderen Gründen zur … dieses Konkursjahr eingestellt worden sind.
…geführten Zahlen in sich.

C. Übersicht

über die in den Jahren 1896 bis 1900 mit Beamten von juristischer Vorbildung zu besetzenden Stellen des Justizdienstes einschließlich der Rechtsanwälte und über die in den genannten Jahren erfolgten ersten Anstellungen von geprüften Rechtspraktikanten im Justizdienste sowie über die im gleichen Zeitraum erfolgten Zulassungen zur Rechtsanwaltschaft.

Jahrgang	Zahl der Stellen im Justizstaatsdienste: im Justizministerium	der Richter	der Staatsanwälte	der rechtskund. Sekretäre	der Strafanstaltsbeamten	der Notare	Gesamtzahl	Zahl der Rechtsanwälte	Es haben in den nebengenannten Jahren von geprüften Rechtspraktikanten erlangt die erste Anstellung im Staatsdienste: als Sekretäre	als III. Staatsanwälte	als Amtsrichter	als Strafanst.-Assessoren	als Notare	Gesamtzahl	die Zulassung zur Rechtsanwaltschaft	Es haben sich in den nebengenannten Jahren jeweils von der Staatsprüfung des Vorjahrs dem Justizdienste zugewendet.	Bemerkungen
1896[1])	18	1200	109	178	28	344	1877	755	83	23	3	4	16	129	134	258	[1]) incl. der Zeit vom 1. bis 31. Dezember 1895.
1897	18	1201	109	193	28	344	1893	832	60	13	1	—	15	89	155	276	
1898	18	1226[1])	116	209	28	345	1942	863	93	25	16[2])	1	15	150	153	207	[1]) darunter 15 außeretatsm. Hyp.Ber.- u. Grdb.Anl.Bmte. [2]) darunter 15 Hyp.Ber.- und Grdb.Anl.Bmte.
1899	18	1232[1])	116	220	28	345	1959	785	137	28	5[2])	—	16	186	108	191	[1]) darunter 22 außeretatsm. Hyp.Ber.- u. Grdb.Anl.Bmte. [2]) darunter 1 außeretatsm. Hyp.-Ber.- u. Grdb.Anl.Bmtr.
1900 bis 31. Dezbr.	18	1371[1])	128	271	29[2])	342	2159	817	137	25	78[3])	1	50	291	95[4])	137	[1]) darunter 85 außeretatsm. Hyp.Ber.- u. Grdb.Anl.Bmte. [2]) darunter 1 rechtsk. Gefängnis-inspektor. [3]) darunter 67 außeretatsm. Hyp.Ber.- u. Grdb.Anl.Bmte. [4]) darunter 54 v. Konkurs 1899.

D. Übersicht

über die Zahl der am 31. Dezember 1900 bei den Justizbehörden und Rechtsanwälten in Praxis stehenden geprüften Rechtspraktikanten, sowie über jene Rechtsanwälte, welche noch als Staatsdienstadspiranten anzusehen sind.

Von der Staatsprüfung	bei dem Staatsminister. d. Justiz	bei den Oberlandesgerichten	bei den Landgerichten	bei den Amtsgerichten: in der sechsmonatlichen Nachpraxis	bei den Amtsgerichten: über die sechs Monate hinaus	als Anlegungs-Kommissäre	bei den Staatsanwaltschaften u. Ober-Staatsanw.	bei den Strafanstalten	als Amtsanwälte	bei Notariaten	bei Rechtsanwälten	Summa	Rechtsanwälte, welche noch als Staatsdienst-Adspiranten gelten	Rechtsanwälte, hierunter solche, welche die sechsmonatl. Praxis abgeleistet haben	Bemerkungen
Im rechtsrheinischen Bayern.															
1895	—	—	—	—	—	1	—	1	—	14	—	16	54	15	
1896	—	1	—	—	—	18	—	—	—	16	3	38	63	18	
1897	—	—	—	6	3	32	1	—	—	18	1	61	39	12	
1898	—	1	1	—	9	13	5	—	—	17	14	60	46	18	
1899	3	2	3	5	8	1	5	—	—	16	10	53	52	29	
Summe	3	4	4	11	20	65	11	1	—	81	28	228	254	92	
In der Pfalz.															
1895	—	—	—	—	—	—	—	—	1	2	—	3	1	—	
1896	—	—	—	—	—	2	—	—	—	3	—	5	3	—	
1897	—	—	—	—	—	5	—	—	8[1])	3	—	16	5	—	[1]) darunter 1 a. d. rechtsrheinischen Bayern.
1998	—	—	—	—	—	18	—	—	6	—	—	24	2	—	
1899	—	1	—	—		8[1])	—	—	5	2	3	19	1	—	[1]) darunter 1 a. d. rechtsrheinischen Bayern.
Summe	—	1	—	—	—	33	—	—	20	10	3	67	12	—	

E. Übersicht

über die Zahl der geprüften Rechtspraktikanten, die bis zum 1. Januar 1901 um die erste Anstellung als Sekretär oder III. Staatsanwalt an einem Gerichte rechts des Rheins nachgesucht und eine solche Anstellung noch nicht erlangt haben.

Es haben gebeten um Anstellung:

Als Sekretär aus den Prüfungsjahren										Als III. Staatsanwalt aus den Prüfungsjahren			
1895 mit Note		1896 mit Note		1897 mit Note		1898 mit Note		1899 mit Note		1898 mit Note		1899 mit Note	
II	III	II	III	II	III	II	III	II	III	II	III	II	III
—	3 mit $III^{0}/_{20}$ bis $III^{2}/_{20}$	—	1 mit $II^{14}/_{20}$ 4 mit $III^{0}/_{20}$ bis $III^{3}/_{20}$	1 mit $II^{12}/_{20}$	1 mit $II^{15}/_{20}$ 4 mit $II^{16}/_{20}$ bis $II^{19}/_{20}$	10 mit $II^{5}/_{20}$ bis $II^{13}/_{20}$	9 mit $II^{14}/_{20}$ und $II^{15}/_{20}$ 7 mit $II^{16}/_{20}$ bis $II^{19}/_{20}$	14 mit $II^{8}/_{40}$ bis $II^{30}/_{40}$	1 mit $II^{31}/_{40}$	1 mit $II^{1}/_{40}$	—	4 mit $I^{34}/_{40}$ bis $II^{8}/_{40}$	—

F. Über-

über die Zahl derjenigen Bewerber, welche zur Zeit im rechts-

Prüfungsjahr											
1889 mit Note		1891 mit Note		1892 mit Note		1893 mit Note		1894 mit Note		1895 mit Note	
II	III	II	III	II	III	II	III	II	III	II	III
—	3 Sekret. mit III $^{3}/_{28}$ bis III $^{7}/_{28}$	—	2 Sekret. mit III $^{8}/_{28}$ und III $^{10}/_{28}$	—	4 Sekret. mit II $^{19}/_{28}$ bis III $^{4}/_{28}$	—	14 Sekret. mit II $^{16}/_{20}$ bis III $^{4}/_{20}$	1 gepr. Rpr. mit II $^{1}/_{20}$	16 Sekret. mit II $^{16}/_{20}$ bis III $^{5}/_{20}$	3 Sekret. mit II $^{7}/_{20}$ bis II $^{18}/_{20}$	12 Sekret. mit II $^{14}/_{20}$ und II $^{15}/_{20}$ — 16 Sekret. mit II $^{16}/_{20}$ bis III $^{2}/_{20}$ — 1 bei der Anlegung des Grund-buchs ver-wendeter gepr. Rpr mit III $^{1}/_{20}$

sicht

rheinischen Bayern die Anstellung als Amtsrichter anstreben.

Prüfungsjahr						Insgesamt aus den Prüfungsjahren	
1896 mit Note		1897 mit Note		1898 mit Note		1889—1898 mit Note	
II	III	II	III	II	III	II	III
2 III. St.-Anw. mit II $^{4}/_{20}$ und II $^{5}/_{20}$	9 Sekret. mit II $^{14}/_{20}$ und II $^{15}/_{20}$	15 III. St.-Anw. mit I $^{18}/_{20}$ bis II $^{5}/_{20}$	6 Sekretäre mit II $^{14}/_{20}$ und II $^{15}/_{20}$	8 III. St.-Anw. mit I $^{18}/_{20}$ bis II $^{5}/_{20}$	11 Sekret. mit II $^{14}/_{20}$ und II $^{15}/_{20}$	163	143
—	—	—	—	—	—	oder	
28 Sekret. mit II $^{7}/_{20}$ bis II $^{13}/_{20}$	21 Sekret. mit II $^{16}/_{20}$ bis III $^{3}/_{20}$	33 Sekret. mit II $^{4}/_{20}$ bis II $^{13}/_{20}$	4 Sekretäre mit II $^{16}/_{20}$ bis III $^{2}/_{20}$	22 Sekret. mit II $^{3}/_{20}$ bis II $^{13}/_{20}$	4 Sekretäre mit II $^{16}/_{20}$ bis II $^{19}/_{20}$	wenn die Noten II $^{14}/_{20}$ und II $^{15}/_{20}$ im Hinblick auf die Bestimmung in § 50 Abs 4 der Allerhöchsten Verordnung vom 4. Juli 1899, die Prüfungen für den höheren Justiz- und Verwaltungsdienst u. s. w. betr., noch der Hauptnote II zugerechnet würden:	
—	—	—	—	—	—		
5 Anlegungskommissäre mit II $^{10}/_{20}$ bis II $^{13}/_{20}$	7 Anlegungskommissäre mit II $^{14}/_{20}$ und III $^{15}/_{20}$	25 Anlegungskommissäre mit II $^{7}/_{20}$ bis II $^{13}/_{20}$	6 Anlegungskommissäre mit II $^{14}/_{20}$ und II $^{15}/_{20}$	13 Anlegungskommissäre mit II $^{8}/_{20}$ bis II $^{13}/_{20}$	1 Anlegungskommissär mit II $^{15}/_{20}$	215	91
	—	—		—			
	6 Anlegungskommissäre mit II $^{16}/_{20}$ und II $^{17}/_{20}$	3 gepr. Rpr. in Praxis bei Justizbehörden mit II $^{0}/_{20}$ bis II $^{4}/_{20}$		5 gepr. Rpr. in Praxis bei Justizbehörden mit II $^{0}/_{20}$ bis II $^{5}/_{20}$			

G. Überſicht

über die Zahl derjenigen Bewerber, welche zur Zeit im rechtsrheiniſchen Bayern die Anſtellung als Notar anſtreben.

Prüfungsjahr

1894 mit Note		1895 mit Note		1896 mit Note		1897 mit Note		1898 mit Note		Bemerkungen
II	III	II	III	II	III	II	III	II	III	
—	12[1]) mit $II^{18}/_{20}$ bis $III^{5}/_{20}$	—	15[2]) mit $II^{17}/_{20}$ bis $III^{5}/_{20}$	5 mit $II^{2}/_{20}$ bis $II^{12}/_{20}$	1 mit $II^{14}/_{20}$ 1 mit $II^{15}/_{20}$ 9 mit $II^{18}/_{20}$ bis $III^{3}/_{20}$	5 mit $II^{4}/_{20}$ bis $II^{11}/_{20}$	12 mit $II^{18}/_{20}$ bis $III^{3}/_{20}$	7 mit $II^{7}/_{20}$ bis $II^{13}/_{20}$	1 mit $II^{14}/_{20}$ 9 mit $II^{16}/_{20}$ bis $III^{5}/_{20}$	[1]) Darunter 9, welche als ſtändige Verweſer von auf Rechnung des Staates geführten Notariaten aufgeſtellt und zu Sekretären außer dem Status ernannt ſind. [2]) Darunter einer zum Amtsgerichtsſekretär ernannt, und der ſtändige Verweſer des auf Rechnung des Staates geführten Notariats Nordhalben. Außer den nebenbezeichneten haben um Verleihg. eines Notariats gebeten: zwei A.R. aus dem Prüfungsjahr 1892 mit den Noten $II^{10}/_{28}$ und $II^{17}/_{28}$ und ein A.R. von der Prüfung 1894 mit der Note $II^{11}/_{20}$ und ein A.R. von der Prüfung 1895 mit der Note $II^{4}/_{20}$.

Bemerkungen zu den Übersichten A—G.

1. Die Übersichten A—D sollen einen Überblick über die Anstellungsbewegung in den letzten Jahren und die Zahl der Bewerber um Anstellung im höheren Justizstaatsdienste geben.

Für das rechtsrheinische Bayern ist in der Tabelle E die dermalen vorliegende Zahl der Gesuche um die Verleihung der Stelle eines Sekretärs oder eines III. Staatsanwaltes, in der Tabelle F die Zahl derjenigen Bewerber, welche auf grund ihrer dermaligen Verwendung die Anstellung als Amtsrichter schon angestrebt haben, oder möglicherweise anstreben werden, und in der Tabelle G die Zahl derjenigen Bewerber, welche auf grund ihrer dermaligen Verwendung die Anstellung als Notar schon angestrebt haben, oder voraussichtlich anstreben werden, dargestellt. Das Prüfungsjahr 1899 ist in den Tabellen F und G außer Berücksichtigung geblieben, weil von den Bewerbern dieses Prüfungsjahrs noch keiner die Anstellung als Sekretär oder als III. Staatsanwalt erreicht und auch noch keiner die zweijährige Notariatspraxis abgeleistet hat.

2. Es befinden sich zur Zeit an der Reihe zur Anstellung

als Amtsrichter die Bewerber mit der Note II aus dem Prüfungsjahr 1896 und die Bewerber mit den besten Noten aus dem Prüfungsjahr 1897, daneben gleichzeitig die Anlegungskommissäre mit den besseren Noten aus dem Prüfungsjahr 1897,

als III Staatsanwalt die Bewerber mit den besten Prüfungsnoten aus dem Jahre 1898,

als Sekretär die Bewerber mit der Note II aus dem Prüfungsjahr 1898 und daneben noch einzelne Bewerber mit der Note III aus früheren Prüfungsjahren,

als Notar die Bewerber mit der Note II aus dem Prüfungsjahr 1896, dann 1897 und daneben einzelne Bewerber mit der Note III aus früheren Prüfungsjahren.

Es gelangen mithin zur Zeit im laufenden Dienste die Bewerber mit mittlerer zweiter Note zur Anstellung als Amtsrichter nach ca. 4—4½ Jahren, zur Anstellung als Sekretär nach ca. 2—2½ Jahren, zur Anstellung als Notar nach ca. 4—4½ Jahren und die Bewerber mit sehr guten Noten zur Anstellung als III. Staatsanwälte nach ca. 2 Jahren nach Ablegung der Prüfung, ein Verhältnis, das für die nächste Zeit voraussichtlich, wenn nicht besondere Umstände eintreten, das gleiche bleiben wird. Da zur Anstellung als III. Staatsanwalt (vgl. Tabelle E) zur Zeit nur noch ein Gesuch eines Bewerbers aus dem Prüfungsjahr 1898 vorliegt und da aus diesem Prüfungsjahre nur noch einige Gesuche von Bewerbern mit sehr guter Note zu erwarten sind, so werden zum Vorschlag für die Anstellung als III. Staatsanwalt in den nächsten Monaten auch schon die Bewerber aus dem Prüfungsjahr 1899 gelangen.

3. Unter den gegenwärtigen Verhältnissen müssen an die Richter der Amtsgerichte sehr hohe Anforderungen gestellt werden. Die Justizverwaltung kann daher schon im allgemeinen Interesse nur nach jeder Richtung unzweifelhaft qualifizierte und den jetzigen gesteigerten Anforderungen vollständig genügende Bewerber mit guter wissenschaftlicher Vorbildung zur Anstellung als Amtsrichter vorschlagen. Mit Rücksicht auf diese Thatsache und bei dem großen Zugange von Bewerbern aus den letzten Prüfungsjahren mit der Note II (vgl. die Tabelle F letzte Spalte), werden künftig die Bewerber mit den tieferen Prüfungsnoten wenig Aussicht haben, im laufenden Dienste zur Anstellung als Amtsrichter zu gelangen.

Auf diese Aussichten wurden schon bisher die Bewerber bei mündlichen Erkundigungen ausdrücklich aufmerksam gemacht. Es soll jedoch hiemit nochmals darauf hingewiesen werden, daß Bewerber mit guten Prüfungsnoten unter der selbstverständlichen Voraussetzung, daß sie nachträglich auch in der Praxis sich bewähren, im Justizstaatsdienst auch in Zukunft je nach der Güte ihrer Note und ihrer weiteren Qualifikation in kürzerer oder etwas längerer Zeit zur Anstellung als Amtsrichter gelangen können, daß aber die Bewerber mit wenig günstigen Noten gut daran thun werden, wenn sie sich nicht ausschließlich dem Gerichtsschreibereidienste widmen wollen, sich dem Justizstaatsdienste nicht zuzuwenden. Einem Bewerber mit der Note III, welcher glaubt, das Ergebnis der Prüfung zufälligen Umständen (nervöser Erregung oder sonstiger vorübergehender Indisposition oder dgl.) oder nicht genügender Vorbereitung zuschreiben zu müssen und welcher der Ansicht ist, daß er unter anderen Verhältnissen oder bei besserer Vorbereitung ein günstigeres Ergebnis erzielen werde, kann, wenn er sich dem Justizstaatsdienste zuwenden will, nur der dringende Rat gegeben werden, die Prüfung zu wiederholen. Er wird, wenn er bei Wiederholung der Prüfung ein besseres Ergebnis erreicht, sein Ziel jedenfalls sicherer und früher erreichen.

4. Auch bei dem Vorschlage für die Anstellung als Notar wird, da für diesen Dienst die Verhältnisse ganz ähnlich gelagert sind, wie bei dem Richterdienst, in Zukunft auf den Besitz einer günstigen Prüfungsnote besonderes Gewicht gelegt werden.

Anhang.

Bekanntmachung,

die Verehelichung der Staatsdienstadspiranten und der nur widerruflich im öffentlichen Dienste verwendeten Individuen betr.

Staatsministerium des k. Hauses und des Aeußern, der Justiz, des Innern, des Innern für Kirchen- und Schulangelegenheiten, der Finanzen, dann Staatsministerium des Handels und der öffentlichen Arbeiten.

Seine Majestät der König haben die Bestimmungen über die Verehelichung der Staatsdienstadspiranten und der nur widerruflich im Staatsdienste verwendeten Individuen einer Revision unterziehen lassen, und Allerhöchst zu bestimmen geruht:

1. Alle für einen öffentlichen Dienst, dessen Uebertragung vom Staatsoberhaupte oder einer Staatsbehörde ausgeht, als Adspiranten vorgemerkten Personen, sowie alle in einem derartigen Dienste nur auf Ruf und Widerruf verwendeten Individuen haben vor der Verehelichung oder Wiederverehelichung dem Vorstande derjenigen Stelle oder Behörde, bei welcher sie verwendet oder als Adspiranten vorgemerkt sind, eine schriftliche Anzeige von ihrem Vorhaben und der getroffenen Wahl zu erstatten.

2. Die einkommende Anzeige ist sofort vom dienstlichen Standpunkte aus zu würdigen und hienach

a) wenn ein dienstliches Bedenken nicht obwaltet, dies dem Betheiligten schriftlich zu eröffnen,

b) wenn aber ein dienstliches Bedenken besteht, dem Betheiligten bekannt zu geben, daß er im Falle des Vollzuges seiner Verehelichung die Entlassung aus der Verwendung, beziehungsweise die Streichung aus der Liste der Bewerber um Anstellung zu gewärtigen habe.

3. Individuen, welche unter Nichtbeachtung der vorstehenden Vorschriften eine Ehe schließen, sind sofort von jeder dienstlichen Verwendung zu entfernen, beziehungsweise aus der Liste der Bewerber um Anstellung zu streichen.

4. Die Anzeigen, wie die hierauf ergehenden Eröffnungen sind tax- und stempelpflichtig, allenfallsige Erhebungen jedoch als Amtssache zu behandeln.

5. Gegenwärtige Vorschriften treten mit dem 1. September 1868 an die Stelle der Bekanntmachung vom 14. Juni 1854, die Verehelichung der Staatsdienstadspiranten und der nur widerruflich im Staatsdienste verwendeten Individuen betr.

München, den 20. August 1868.

Auf Seiner Königlichen Majestät Allerhöchsten Befehl.

v. Gresser. **v. Schlör.** **v. Hörmann.**

v. Fischer,
Staatsrath.

v. Daxenberger,
Staatsrath.

Sachregister.

(S. bedeutet Seite, die kleinen Ziffern neben einem Paragraphen bedeuten die Anmerkungen.)

Meikel, Gg., Kgl. Amtsrichter, **Das Bürgerliche Gesetzbuch** für das Deutsche Reich und Einführungsgesetz **mit Wiedergabe der verwiesenen Paragraphen** und ausführlichem Sachregister. gr. 8° (VIII, 606 S.) 1900. In Ganzleinen gebd. **Mk. 3.60.**

Von demselben Werke erschien eine

Ausgabe auf Schreibpapier mit breiten Rändern.

Format des Reichsgesetzblattes, gebd. **Mk 6.—.**

Dispeker, Dr. S., Rechtsanwalt, **Alphabetisch geordneter Führer durch das Bürgerliche Gesetzbuch und dessen Nebengesetze** mit besonderer Berücksichtigung der für Bayern geltenden Bestimmungen und unter vergleichender Bezugnahme auf die römischrechtlichen Benennungen. gr. 8°. (VIII, 372 S.) 1900. In Halbfranz gebd. **Mk. 9.—.**

Hermann, J., Kgl. Amtsger.-Sekretär, **Civilrechtliche Fristen und Verjährungen der Deutschen Reichsgesetze.** 8°. (IV, 485 S.) Brosch. **Mk. 7.20.** 1901. Elegant in Ganzleinen geb. **Mk. 8.—.**

☛ Soeben vollständig geworden! ☚

Wochinger, K., Kgl. Amtsger.-Sekretär, **Die Prozeßgebühren-Gesetze für das Deutsche Reich,** in der Neutextierung vom 20. Mai 1898, umfassend: **Das Gerichtskostengesetz, die Gebührenordnung für Zeugen und Sachverständige, die Gebührenordnung für Gerichtsvollzieher, die Gebührenordnung für Rechtsanwälte.** Handausgabe mit Erläuterungen, Tabellen und ausführlichem Sachregister. 8°. (VIII, 295 S.) 1899. In Ganzleinen gebd. **Mk. 4.20.**

Meyer, K., Kgl. Landesgerichtsrat, **Die Konkursordnung für das Deutsche Reich nebst den zugehörigen Einführungsgesetzen und das Reichsgesetz, betr. die Anfechtung von Rechtshandlungen eines Schuldners außerhalb des Konkursverfahrens** in der Fassung vom 20. Mai 1898. Handausgabe mit Erläuterungen, ausführlichem Sachregister und einem Anhang. 8°. (VIII, 459 S.) 1899. In Ganzleinen gebd. **Mk. 6.—.**

Meisner, Chr., Rechtsanwalt, **Die Vorschriften des B.G.B.** über die **Viehgewährschaft** nebst der hiezu ergangenen kaiserlichen Verordnung vom 27. März 1899. Kommentierte Handausgabe. 8°. (XIV, 161 S.) 1900. In Ganzleinen gebd. **Mk. 3.40.**

FSC
www.fsc.org
MIX
Papier | Fördert
gute Waldnutzung
FSC® C083411

Kolibri 360 GmbH
Ferdinand-Jühlke-Straße 7
99095 Erfurt, Deutschland
produktsicherheit@kolibri360.de